Duurzame architectuur: meer dan getallen / Sustainable architecture: more than numbers –
Glazen buffers / Glazed thermal buffers – Slimme gebouwen / Smart buildings –
Gebouwen als energieopwekkers / Buildings as energy generators –
Spannende, compacte steden / Exciting, compact cities

A / 1

C000138436

Duurzame architectuur: meer dan getallen / Sustainable architecture: more than numbers –
Glazen buffers / Glazed thermal buffers – Slimme gebouwen / Smart buildings –
Gebouwen als energieopwekkers / Buildings as energy generators –
Spannende, compacte steden / Exciting, compact cities

Duurzame architectuur / Sustainable architecture

Voorwoord / Preface
Inleiding / Introduction
Verantwoording / Credits

Project / Project

A / **2**

Duurzame architectuur: meer dan getallen / Sustainable architecture: more than numbers –
Glazen buffers / Glazed thermal buffers – Slimme gebouwen / Smart buildings –
Gebouwen als energieopwekkers / Buildings as energy generators –
Spannende, compacte steden / Exciting, compact cities

Auteur / Author

A / **3**

Ed Melet

DUURZAME ARCHITECTUUR

Streven naar een contrastrijke omgeving

Duurzame architectuur: meer dan getallen / Sustainable architecture: more than numbers –
Glazen buffers / Glazed thermal buffers – Slimme gebouwen / Smart buildings –
Gebouwen als energieopwekkers / Buildings as energy generators –
Spannende, compacte steden / Exciting, compact cities

NAi Uitgevers

Duurzame architectuur / Sustainable architecture
Voorwoord / Preface
Inleiding / Introduction
Verantwoording / Credits

Project / Project

A / 4

VOORWOORD

PLEIDOOI VOOR ARCHITECTUUR EN
STEDENBOUW

Bouwwerken slurpen energie. Het bouwen zelf
en het gebruiken van gebouwen brengen een

zware milieulast met zich mee. Dat geldt niet
alleen voor afzonderlijke gebouwen, nog sterker
is dat het geval met steden en wijken. Met het
oog op de toekomst wordt naarstig gezocht naar
wegen om daarin verandering te brengen. Door
het opleggen van normen geeft de overheid een
impuls aan een gewenste ontwikkeling. Maar
zulke normen kunnen nooit alomvattend zijn
voor de complexe werkelijkheid van het inrichten
en bewonen van steden en streken.

Normen zijn getallen, uitkomsten van formules
die een deelaspect betreffen. Wat gemeten naar
een norm een mooi resultaat lijkt, kan door een
andere formule in zijn tegendeel verkeren.
Woningen als doosjes met ramen die aan schiet-
gaten doen denken kunnen dan wel energiezuinig zijn, maar door cultureel-maatschappelijke
veranderingen spoedig weinig geliefd zijn en
voor afbraak in aanmerking komen. Het milieu is
daarmee niet gediend.

Het milieuvraagstuk valt op te vatten als een
bron van inspiratie voor het ontwerpen en dus
voor vernieuwing in de architectuur en stedenbouw. In het ontwerpen van gebouwen, steden
en landschappen ligt immers het samenvloeien
besloten van technisch inzicht, maatschappelijke
betrokkenheid en culturele intenties. Daarvoor
moeten aandacht en armslag aanwezig zijn, een-
zijdig uitwerkende normen mogen daarvoor
althans geen blokkade vormen. Alleen een inte-
grale benadering van een ontwerpopgave biedt
op den duur perspectieven.

Ook al zijn het eerste stappen, in Nederland en
andere Europese landen zijn voorbeelden van
aansprekende architectuur en stedenbouw voorhanden die de milieulast verlichten. Om deze
voorbeelden in de belangstelling te plaatsen
heeft het Stimuleringsfonds voor Architectuur
opdracht verleend aan auteur Ed Melet voor het
samenstellen van een beredeneerd overzicht.
Melet toont aan dat behalve door het aanwenden
van kostbare techniek ook veel bereikt kan
worden met vernuftig ontworpen gebouwen
zonder zware installaties en met intelligent
gebouwde stadswijken. In Nederland zijn
daarvan bemoedigende voorbeelden voorhanden
die onder meer de vrucht zijn van het opdrach-
tenbeleid van rijksbouwmeester Wytze Patijn.
Niet toevallig is dan ook de financiële bijdrage
van het Bureau van de rijksbouwmeester aan dit
project, dat een hartstochtelijk pleidooi voor
architectuur en stedenbouw genoemd mag
worden, onderbouwd met technische informatie.

Ruud Brouwers, directeur van het Stimuleringsfonds voor Architectuur

Duurzame architectuur: meer dan getallen / Sustainable architecture: more than numbers – Architect / Architect
Glazen buffers / Glazed thermal buffers – Slimme gebouwen / Smart buildings –
Gebouwen als energieopwekkers / Buildings as energy generators –
Spannende, compacte steden / Exciting, compact cities

A / 5

INHOUDSOPGAVE

INLEIDING

Om het milieu hangt een zweem van doem. Fossiele brandstoffen en veel materialen worden schaars, het broeikaseffect verandert het klimaat - al weet niemand precies hoe en in welke mate - en veel diersoorten sterven uit. Het is iedereen duidelijk dat we niet op deze manier door kunnen gaan met consumeren.

De vraag is in welke vorm de maatregelen gegoten moeten worden die enerzijds het milieu sparen - of in ieder geval minder belasten - en anderzijds de economische groei waarborgen. Niemand wil echt inleveren.

In Nederland is, net als bijvoorbeeld in Duitsland, het milieu een belangrijk politiek item. Een deel van de maatregelen om het milieu te ontlasten richt zich op de gebouwde omgeving. Dat is niet verwonderlijk want liefst vijftig procent van het totale energiegebruik komt voor rekening van gebouwen. In Nederland wordt de energieprestatiecoëfficiënt

(EPC) aangewend als middel om het energiegebruik in gebouwen terug te dringen. Bij het berekenen van de EPC wordt rekening gehouden met de isolatiegraad van de gebouwschil en met de efficiëntie van de verschillende installaties. Hoe lager de uitkomst, hoe energiezuiniger het gebouw. Daarnaast bestaat het Nationaal Pakket Duurzaam Bouwen. Hierin tracht men onder meer het materiaalgebruik te reguleren en er zijn waterbesparende maatregelen in opgenomen.

Duurzaamheid wordt, naar mijn idee, op deze wijze te veel gerationaliseerd. De architectuur dreigt door regels aan banden te worden gelegd. Deze regels zijn bovendien gebaseerd op hedendaagse problemen en bouwtechnieken. Er worden nieuwe vragen aan de architectuur en stedenbouw gesteld en dus moeten er nieuwe antwoorden komen. Gebouwen die inspelen op het klimaat en tegelijkertijd een stedenbouwkundige behoefte bevredigen moeten vooral slim ontworpen zijn. Ze moeten kunnen evolueren, zoals ook traditionele gebouwen in extreme klimaten zijn geëvolueerd. Starre regels frustreren een dergelijke ontwikkeling.

Ik heb daarom voor de titel van dit boek niet het begrip 'duurzaam bouwen' gehanteerd, maar 'duurzame architectuur'. In tegenstelling tot duurzaam bouwen is duurzame architectuur meer dan alleen functioneel of alleen duurzaam, zij speelt ook in op het gevoel. Ik heb ook niet - zoals oorspronkelijk de bedoeling was - een apart hoofdstuk aan materialen gewijd. Natuurlijk moet er op een verstandige wijze met schaarste worden omgegaan, maar materialen zijn nu eenmaal onlosmakelijk verbonden aan architectuur. Soms moet er extra in materialen worden geïnvesteerd om bijzondere effecten of gebouwen te creëren.

Bij de selectie van de projecten voor dit boek heb ik dan ook niet gezocht naar 'schraal' gematerialiseerde gebouwen. Dergelijke gebouwen zijn vaak niet duurzaam. Ik heb daarentegen vooral gekeken naar de combinatie van een bijzondere architectuur en een contrastrijk binnenklimaat. Dit laatste ontstaat door op natuurlijke wijze het gebouw te klimatiseren; door warmte, koude en wind op een getemperde wijze het gebouw binnen te laten. Behalve contrastrijk zijn deze gebouwen ook energiezuinig. De installaties kunnen een groot deel van het jaar uitblijven. Ik heb willen aantonen dat, ondanks de restricties opgelegd door de milieuproblematiek, het toch mogelijk is om fantastische en rijke gebouwen te maken. Sterker nog, door te streven naar klimaatregulerende entiteiten worden gebouwen beter.

Ed Melet

Duurzame architectuur / Sustainable architecture
Voorwoord / Preface
Inleiding / Introduction
Verantwoording / Credits

Project / Project

1 / 8

1 DUURZAME ARCHITECTUUR: MEER DAN GETALLEN

Duurzame architectuur: meer dan getallen / Sustainable architecture: more than numbers – Architect / Architect
Glazen buffers / Glazed thermal buffers – Slimme gebouwen / Smart buildings –
Gebouwen als energieopwekkers / Buildings as energy generators –
Spannende, compacte steden / Exciting, compact cities

1 / 9

tiecoëfficiënt (EPC) - een rekensom waarmee het potentiële energiegebruik van een gebouw wordt bepaald - en aan de lijsten met materialen die wel of juist niet mogen worden toegepast. Het is de vraag of duurzaamheid op deze manier kan worden bereikt. Een dergelijke duurzaamheid heeft immers alles te maken met het 'nu', maar zegt weinig over de toekomst. En dat terwijl duurzaam betekent: langdurend, weinig aan slijtage of bederf onderhevig.

Het bekende Brundtland-rapport *Our Common Future* stelt dat duurzame ontwikkeling zich richt op het 'proces van verandering, waarin het gebruik van hulpbronnen, de richting van investeringen, de oriëntatie van technologische ontwikkeling en institutionele verandering alle met elkaar in harmonie zijn en (alle) zowel de huidige als de toekomstige mogelijkheid vergroten om aan menselijke behoeften en wensen tegemoet te komen.'

Of gebouwen werkelijk duurzaam zijn, kan derhalve alleen retrospectief worden bepaald. Hoe kun je echter op dit moment vaststellen of een gebouw over vijftig of honderd jaar nog steeds voldoet aan onze wensen en behoeften? Dat is lastig, maar zeker niet onmogelijk. Er zijn bijvoorbeeld veel woningen die meer dan vijftig jaar oud zijn en die nog altijd worden gebruikt. Deze woningen zijn royaal van opzet, hebben een uitstekende bouwkundige kwaliteit, bezitten iets ongrijpbaars als karakter en kunnen door de overmaat verschillende functies vervullen. Ooit waren zij woningen van de gegoede middenstand, nu zitten er architectenbureaus, advocaten- of notariskantoren in, of zijn ze verbouwd tot appartementencomplexen. Dankzij de bouwkwaliteit zijn ze mooi oud geworden en omdat ze een verbeelding van hun tijd zijn, hebben ze een identiteit en zijn ze nog altijd gewild.

Het ontwerpen van duurzame gebouwen kan een van de belangrijkste en meest uitdagende architectonische opgaven worden. Niet alleen omdat gebouwen vijftig procent van het totale energiegebruik voor hun rekening nemen, maar ook omdat duurzaam ontwerpen architecten dwingt om anders over hun gebouwen en hun ontwerppraktijk na te denken. In plaats van energiegebruikende, statische klimaatontvangers moeten gebouwen energieproducerende, dynamische klimaatregelaars worden. Veel tijd voor reflectie wordt de architecten echter niet gegund, want er moet in een razend tempo worden geproduceerd. Bovendien blijken weinig opdrachtgevers er in geïnteresseerd te zijn om tijd en geld te investeren in duurzame gebouwen - ook al biedt dit aantoonbare voordelen.

Door de tijdsdruk en de geringe financiële ruimte, blijft duurzaamheid in Nederland beperkt tot het pragmatisch voldoen aan de energiepresta-

De directeur van Woningbouwvereniging Het Oosten, P. Bijdendijk, pleit in zijn boekje *Duurzaamheid loont* voor overmaat in de hedendaagse woningbouw. Het is prettig voor de bewoners en loont uiteraard ook voor de woningbouwverenigingen. Vandaar zijn voorkeur voor: grotere woonoppervlakken en entrees, hogere plafonds, constructief sterkere vloeren, en een gevel die lang mee kan, die niet de functie van een gebouw hoeft te weerspiegelen, maar die wel op lange termijn het gebouw uitstraling geeft. Wanneer deze woningen niet langer gewild zijn, kunnen ze makkelijk als kantoren worden verhuurd; multifunctionele gebouwen zijn volgens hem echt duurzaam. Bijdendijk rekent voor dat de extra investeringen dubbel en dwars worden terugverdiend, zij het op de lange termijn. Hij gaat er bij zijn berekeningen

Duurzame architectuur / Sustainable architecture
Voorwoord / Preface
Inleiding / Introduction
Verantwoording / Credits

Project / Project

1 / 10

van uit dat royale casco's zeker tweehonderd jaar meegaan.

Niet de woningbouwverenigingen, maar de 'markt' realiseert echter het grootste deel van de woningen en die is niet geïnteresseerd in winst over vijftig of zelfs vijfentwintig jaar. De ontwikkelaars willen hun investeringen binnen enkele jaren terugverdienen. Zij zien er daarom geen heil in om gebouwen veel groter te maken dan vereist. Elke centimeter die extra wordt gebouwd, verhoogt de directe bouwkosten en deze zijn door de energieprestatienormering (dikkere isolatiepakketten, betere glassoorten en efficiëntere installaties) toch al flink omhoog gegaan.

Het gevolg is dat de meeste woningen die worden gebouwd volgens de huidige maatstaven een redelijke bouwkundige kwaliteit hebben, maar absoluut geen overmaat. Hun starre, kleine plattegronden zijn alleen geschikt voor een gezin met maximaal twee kinderen. Ook de beperkte verdiepinghoogtes ontnemen de illusie dat de woningen ooit iets anders dan een gezin kunnen herbergen. En zelfs als woning zal de functionele tijd beperkt zijn: de woningen zijn niet afgestemd op de steeds langer wordende Nederlander en evenmin op het feit dat er steeds minder standaardgezinnen in Nederland (en de rest van West-Europa) zullen zijn. De duurzaamheid van deze woningen - hoezeer ze ook volgens het Bouwbesluit zijn gebouwd of deze eisen overtreffen - is beperkt. De tijd maakt de woningen overbodig en dus rijp voor de sloop.

VOORDELEN VAN DUURZAAM BOUWEN

Kantoren geven eenzelfde somber beeld. Zij worden evenals woningen veelal in opdracht van projectontwikkelaars neergezet. Bij dit type gebouwen is het niet de oppervlakte van de kantoren, maar de gemakzucht en het gebrek aan inspiratie waardoor duidelijk wordt dat de projectontwikkelaars vooral geïnteresseerd zijn in het snel verdienen van geld. Risico's worden vermeden en alle kantoren lijken op elkaar: kleine werkkamers worden van de buitenwereld gescheiden door getint glas dat samen met binnenzonwering de ergste zoninval moet tegenhouden en het binnenklimaat wordt gecontroleerd door machines. De gebouwen voldoen keurig aan de normen, hun duurzaamheid is echter beperkt. Mensen hebben de behoefte om zelf het binnenklimaat te kunnen regelen en zij willen tegelijkertijd een optimaal contact met buiten: wisselende temperaturen, geuren en een vleugje wind. Ramen openen is in

deze gebouwen echter onmogelijk of wordt sterk afgeraden omdat de klimaatinstallatie dan ontregeld raakt.

Gelukkig is er inmiddels een ander soort kantoorgebouwen te zien. De overheden en grote, kapitaalkrachtige bedrijven (banken en verzekeringsbedrijven) proberen op een natuurlijker manier de kantoorruimtes te klimatiseren. Zelfs een enkele projectontwikkelaar waagt zich aan gebouwen waarin de invloed van buiten groter is. Verrassend is deze ommezwaai niet: de overheid promoot om milieutechnische en dus politieke redenen duurzaam bouwen, de grote bedrijven zijn op zoek naar een groene *corporate identity* (het milieu is *hot*) en de projectontwikkelaars zijn door de leegstand van slecht geklimatiseerde gebouwen aan het denken gezet.

Maar ook als er geen politieke, imagotechnische of economische motieven zijn, lijkt het logisch om over te schakelen op natuurlijker geklimatiseerde gebouwen. In deze gebouwen zorgen buffers ervoor dat op gecontroleerde wijze licht en verse lucht binnenkomt en dat verwarming en koeling een deel van het jaar overbodig worden zodat er minder energie wordt gebruikt. De voordelen gaan evenwel verder dan energiebesparing op zich: gebouwen waarin klimaatinstallaties deels door natuurlijke principes zijn verdrongen, worden dankzij het intensievere contact met buiten als aangenamer ervaren.

Dat dergelijke gebouwen nog geen standaard zijn, heeft te maken met gemakzucht (gebouwen die alleen met installaties worden beheerst zijn gemakkelijker te ontwerpen), met traditie (kantoren moeten er zo uitzien), maar ook met de angst om te leven zonder machines. Voor een deel is die angst overigens reëel. De voorzieningen in de installatiearme gebouwen reageren trager op veranderende weersomstandigheden dan computergestuurde installaties. Ondanks de optimale benutting van thermische massa, dag- en nachtventilatie en goede buitenzonwering, kan het 's zomers te warm worden.

In de meeste van dit soort kantoren zijn daarom voor extreme situaties klimaatinstallaties aangebracht, vooral om te hoge temperaturen te voorkomen. Om nog een stap verder te gaan zal er misschien anders over de werkomgeving moeten worden nagedacht. Zij moet als een 'prettig verlengde van buiten' worden gezien. Of zoals Stefan Behling, directeur bij architectenbureau Foster and Partners en auteur van het boek *Sol Power*, het stelt: 'duurzame architectuur moet sexy worden gevonden.' De voordelen van duurzaam bouwen

Duurzame architectuur: meer dan getallen / Sustainable architecture: more than numbers –
Architect / Architect
Glazen buffers / Glazed thermal buffers – Slimme gebouwen / Smart buildings –
Gebouwen als energieopwekkers / Buildings as energy generators –
Spannende, compacte steden / Exciting, compact cities

1 / 11

moeten worden onderstreept, de nadelen binnen bepaalde grenzen geaccepteerd. Te warm of - in sommige extreem installatie-arme gebouwen - te koud is het immers alleen wanneer het buiten ook warm of koud is.

TECHNISCHE VERSUS ARCHAÏSCHE METHODEN

Er zijn verschillende manieren om de invloed van buiten, binnen gebouwen te vergroten. De voormalige hightech architecten Norman Foster, Richard Rogers en Ian Ritchie, maar ook Duitse architecten als Webler + Geissler en Thomas Herzog maken vooral gebruik van technisch vernuft. Met hun ingenieuze gevelsystemen brengen ze verschillende lagen (buffers) tussen binnen en buiten aan. Hierdoor wordt, zelfs onder extreme omstandigheden, buitenzonwering en natuurlijke ventilatie mogelijk, terwijl de grote hoeveelheid glas veel daglicht binnenlaat. Deze vaak speciaal voor een project ontwikkelde gevels zijn helaas duur. Bovendien hebben ze een hoge energie-inhoud: de combinatie van energie die nodig is voor de fabricage, het transport en de montage.

De energie-inhoud een belangrijk ecologisch gegeven, maar om de werkelijke duurzaamheid van een materiaal te bepalen spelen andere factoren eveneens een rol. Levensduur, onderhoudsgevoeligheid en recyclebaarheid liggen voor de hand, maar er kunnen ook sociaal-economische factoren bij betrokken worden, zoals Nico Hendriks in zijn intreerede aan de Technische Universiteit Eindhoven signaleerde: 'Het Brundtland-rapport concludeert dat *sustainable development* alleen mogelijk is wanneer welvaart tot stand wordt gebracht voor de thans hongerigen en armen. Lukt ons dat niet dan zullen zij doorgaan met hun bossen te kappen, hun vee het al kale land te laten overbegrazen en de laatste reserves uit hun grond te halen. Ze zullen ook in steeds grotere aantallen naar de nu al volledig verstopte steden in hun land

trekken. Dit zal uiteindelijk ook tot desastreuze gevolgen leiden voor de westerse samenleving. Moeten wij ons dan wel bezighouden met de toepassing van duurzame bouwmaterialen? Misschien is het mondiaal gezien wel belangrijker dat wij meer materialen toepassen uit Derde-Wereldlanden, teneinde mee te werken aan het brengen van welvaart aldaar.'

Materiaallijsten zoals veel Nederlandse gemeenten die hanteren, zijn te statisch om bijvoorbeeld de bovengenoemde factor mee te nemen. Van lijsten kunnen bovendien moeilijk discussies worden gewonnen, het staat er immers zwart-op-wit. Voor het voormalig terrein van het Amsterdamse Gemeentelijke Waterleidingbedrijf (GWL-terrein, 1998) bijvoorbeeld, een duurzame buurt in Amsterdam, stond aluminium op de lijst met verboden materialen. De fabricage van aluminium kost inderdaad veel energie, maar dit metaal gaat erg lang mee en kan goed gerecycled worden. Jeroen van Schooten van architectenbureau Meyer en Van Schooten toonde aan dat de door hem gekozen aluminiumglasgevel duurzamer was dan het voorgeschreven baksteen. Desondanks werd de gevel verboden. Aluminium heeft namelijk geen duurzame uitstraling; met lijsten is het moeilijk discussiëren.

In dit boek zal daarom niet te diep worden ingegaan op de materiaaltoepassingen van de diverse gebouwen. Uiteraard moet er verstandig met schaarste (energie, materialen en ruimte) worden omgegaan, maar de nadruk zal hier liggen op de combinatie van architectonische en energiezuinige kwaliteiten van gebouwen.

Nederlandse architecten beschikken bovendien meestal niet over budgetten die speciaal ontwikkelde gevelsystemen of overdadig gebruik van materialen mogelijk maken. Daarom is de benadering van het klimaatvraagstuk in ons land pragmatischer dan elders, maar zij levert minstens zo interessante resultaten op. Bureaus als Neutelings Riedijk Architecten en CEPEZED bewijzen dat ook

Ashok Bhalotra, stedenbouwkundige, directeur KuiperCompagnons

'Duurzaam bouwen moet niet hetzelfde zijn als macrobiotisch eten. Dat heeft smaak noch kraak en ligt als een baksteen op je maag. Als ik niet de mogelijkheid krijg om verliefd te worden op duurzaam bouwen dan begin ik er niet aan. Duurzaam bouwen moet sensueel en emotioneel zijn. Niet alleen rationeel. Duurzaamheid gaat niet alleen over het schaarse gebruik van materialen en

Duurzame architectuur / Sustainable architecture
Voorwoord / Preface
Inleiding / Introduction
Verantwoording / Credits

Project / Project

1 / 12

energie - in de meeste publicaties krijgt dit de nadruk -, maar zij kent ook belangrijke sociale, economische en culturele facetten. Aan deze vier pijlers moet je als stedenbouwer gelijktijdig aandacht besteden. Alleen dan krijg je een hechte, duurzame samenleving. Als student maakte ik een ontwerp voor de uitbreiding van de universiteit in New Delhi. In mijn plan werd in deze uitbreiding niet alleen les gegeven, maar er werd ook voedsel geproduceerd, er waren industrieën in ondergebracht en er werd water opgeslagen om in het droge seizoen het land mee te irrigeren. Oude idealen voor een autarkische gemeenschap waarbinnen op dezelfde plaats zowel geconsumeerd als geproduceerd wordt.

Bij duurzaam bouwen moet je ook luisteren naar de wensen van de gebruikers. Onderzoeken hebben aangetoond dat veel mensen dromen van een huis met een tuin. Je kunt als architect of stedenbouwer wel pleiten voor hoge dichtheden en stellen dat er op de zesde verdieping gezinnen moeten wonen, maar daar bereik je niets mee. Ik ben er zeker van dat iedereen in Nederland een huis met een tuin kan krijgen, mits je de grond dubbel gebruikt. Dat dubbele grondgebruik was een van de achterliggende ideeën van City Fruitful bij Dordrecht, maar ook in ons plan voor een bedrijvenpark tussen Heerlen en Aken gebruiken we grond intensiever dan gebruikelijk in Nederland. In plaats van alweer zo'n verzameling lelijke kantoorgebouwen, plaatsten wij vrijwel alle bedrijven onder de grond.

Wij leven in een cultuur van 'schuld'. Het uitstoten van allerlei schadelijke stoffen wordt bijvoorbeeld als een misdaad gezien en ook het bouwen. Deze activiteiten worden over het algemeen gecompenseerd door een cultuurbos aan te leggen. In het plan voor het bedrijvenpark dient het landschap niet als compensatie voor de infrastructuur of voor de kantoren. Wij wilden het bestaande landschap onaangetast laten, omdat wij denken dat er zo een mooi, gelaagd plan ontstaat. Je moet elkaar verleiden, niet met voorschriften maar met hartstocht.'

zonder een *overload* aan techniek gebouwen een prettig binnenklimaat kunnen hebben. Zij grijpen hiervoor vaak terug op archaïsche bouwtechnieken, gecombineerd met een 'ijzeren' logica. Het ene bureau maakt volop gebruik van de massa van beton (Neutelings Riedijk) en het andere pleit met evenveel overtuiging voor de lichtheid van een gebouw van glas en staal (CEPEZED). Een voorbeeld van dit laatste type is het Centre for Human Drugs Research in Leiden (1994). Hier heeft CEPEZED een buffer van geperforeerd staal voor de gevel aangebracht, zodat de windenergie vlak achter de gaatjes van het scherm wordt omgezet in heel kleine turbulenties. Daardoor is tussen scherm en gebouw een windluwe zone ontstaan en kunnen de ramen van het gebouw een groot deel van het jaar worden geopend; er is een soort tuinkamer gecreëerd. Het gebrek aan massa van dit voornamelijk stalen

Duurzame architectuur: meer dan getallen / Sustainable architecture: more than numbers – Architect / Architect
Glazen buffers / Glazed thermal buffers – Slimme gebouwen / Smart buildings –
Gebouwen als energieopwekkers / Buildings as energy generators –
Spannende, compacte steden / Exciting, compact cities

1 / 13

gebouw heeft als nadeel dat het snel opwarmt, maar het voordeel is dat het - in tegenstelling tot massieve gebouwen - ook weer snel afkoelt. Het binnenklimaat volgt direct de buitentemperaturen.

De technische en archaïsche methoden, die in respectievelijk hoofdstuk 2 en 3 worden behandeld, beogen hetzelfde resultaat: gebouwen die grote delen van het jaar op natuurlijke wijze worden geklimatiseerd en waarin de gebruikers een grote invloed op het binnenklimaat hebben. Installatieloos zullen gebouwen waarschijnlijk nooit worden, want verlichting, verwarming, koeling en mechanische ventilatie blijven - zeker in grote kantoren - noodzakelijk. Wel kunnen installaties dankzij de vernuftige opbouw van een gebouw en een goed gebouwbeheerssysteem grote delen van het jaar uitgeschakeld blijven.

Installatie-arme gebouwen zijn dus niet minder ingewikkeld dan 'traditionele' kantoorgebouwen. De toegepaste techniek is misschien minder zichtbaar en minder aanwezig, maar blijft zeer belangrijk. Naast de noodzakelijke installaties worden deze gebouwen gestuurd door onzichtbare elektronica, die weinig energie gebruikt maar wel het gebruik van installaties minimaliseert.

ECHTE DUURZAAMHEID

De oplossing lijkt eenvoudig: woningen met grotere afmetingen en kantoren met een natuurlijk, contrastrijk binnenklimaat en met een dusdanige flexibiliteit dat nieuwe technieken en behoeftes eenvoudig ingepast kunnen worden. De gebouwde omgeving wordt daardoor duurzamer. Zo simpel is het helaas niet, want zelfs dit soort duurzaamheid is niet voldoende. Op den duur zal de gebouwde omgeving autarkisch moeten worden en op de een of andere manier energie moeten leveren. De technieken - zonne-energie, het verbranden van biomassa, windenergie en golfenergie - zijn reeds bekend, maar ze zullen de komende decennia moeten worden verfijnd; het rendement moet omhoog en de kosten omlaag.

Toch hoeft, ook als deze technieken zijn ingezet, de clustering van duurzame gebouwen nog geen duurzame stad op te leveren. Een dergelijke stad moet namelijk aan dezelfde eisen voldoen als duurzame gebouwen: ze moet contrastrijk, spannend en gelaagd zijn. Bouwen in hoge dichtheden is hiervoor een vereiste. Niet alleen wordt dan minder aanspraak op de ruimte gemaakt en kunnen multifunctionele gebieden (wonen, werken en recreatie) ontstaan, maar ook de beleving van een stad wordt

dan intenser. Mooi hoeft de duurzame stad overigens niet te zijn, althans dat is niet het enige. Zij moet tevens rauw, snel, gevaarlijk en ontroerend zijn. Kortom, de stad moet een verbeelding van deze tijd, van ons, zijn.

Richard Rogers wil Londen behoeden voor verloedering, door de stad vol te bouwen met architectonisch verantwoorde gebouwen en door brede lanen en royale pleinen aan te leggen. De achterstand op steden als Parijs moet zo worden ingehaald. Hoewel het toe te juichen is dat Rogers zich bezighoudt met dit soort problemen, lijken zijn ideeën onjuist. Zoals Rem Koolhaas terecht opmerkte, wordt Parijs door haar restauratiewoede steeds meer namaak, terwijl Londen door het gebrek aan visie steeds boeiender wordt. Een levende stad bestaat bovendien niet alleen uit letterlijk duurzame gebouwen. Behoeftes veranderen immers en de stad moet meeveranderen. Naast gebouwen die de tijd kunnen trotseren, moeten er ook gebouwen ontwikkeld worden die eenvoudig gedemonteerd kunnen worden. Zij moeten kunnen verdwijnen zonder sporen na te laten om plaats maken voor nieuwe functies. Dit proces van verandering maakt een stad ook duurzaam.

Duurzaam bouwen heeft niet zo veel te maken met een lage EPC of milieu-ontlastende materialen. Misschien moet het daar wel mee beginnen, maar de uitkomst van het sommetje moet niet worden verward met het probleem. Belangrijker dan gebouwen met een lage EPC zijn aangename, gelaagde gebouwen en wijken die ons uitdagen en prikkelen. Gebouwen moeten de aandacht van de snel verveelde zapgeneratie vasthouden; zij moeten de wegwerpmaatschappij weerstaan, zodat zij lang kunnen functioneren. Gecombineerd met architectonische oplossingen om het energiegebruik te beperken en zelfs energie op te wekken, zijn dit de werkelijk duurzame gebouwen.

2   GLAZEN BUFFERS

Gevels moeten in eerste instantie bescherming bieden tegen wind, regen en hitte, maar zij moeten ook de privacy waarborgen. Daarnaast biedt de gevel de mogelijkheid om ambities en opvattingen van de architect en de opdrachtgever tot uitdrukking te brengen. Tot de twintigste eeuw was er een balans tussen creativiteit en functionaliteit. Met de modernistische stelling dat gebouwen een uitdrukking van de democratie en dus zo transparant mogelijk moeten zijn, veranderde dat. De vrijwel volledig glazen gebouwen van onder anderen Mies van der Rohe en Walter Gropius

Duurzame architectuur: meer dan getallen / Sustainable architecture: more than numbers –
Architect / Architect
Glazen buffers / Glazed thermal buffers – Slimme gebouwen / Smart buildings –
Gebouwen als energieopwekkers / Buildings as energy generators –
Spannende, compacte steden / Exciting, compact cities

2 / 15

bewijzen de architectonische kracht van deze opvatting. Behalve als belangrijk expressiemiddel wordt het glas gebruikt om licht en lucht binnen te laten en om openheid te bieden. Mensen blijken dit

leefbare gebouwen en later airconditioning. In het verleden was dat een logische oplossing. De energievoorraad leek onuitputbaar, de gaten in de ozonlaag konden nog niet worden aangetoond en het

Henk Döll en Chris de Weijer, Mecanoo architekten

'Het grote probleem bij normering is dat deze het denken uitschakelt. Ook bij duurzaam bouwen kun je simpelweg de regels volgen, dat is beter dan niets doen. Je mist dan wel een belangrijke kans die duurzaam bouwen je biedt. De kans om op een heel andere manier over de inhoud van het vak na te denken. Je beseft dat je te veel wilt en te veel doet. Uit vrijwel elk gebouw kan een heleboel weggelaten worden zonder dat het ontwerp of het gebouw er minder van wordt. Duurzaam bouwen is een herwaardering van het *less is more* principe. Het gebruik van veel verschillende materialen hoeft hiermee niet in tegenspraak te zijn. Bij de Faculteit voor Economie en Management in Utrecht zijn ook veel verschillende materialen toegepast, maar die hebben wel alle een functie. Architectuur heeft een maatschappelijke en culturele verantwoordelijkheid. Dit levert soms spanningen op; het is in tegenspraak met de eisen van bijvoorbeeld de professionele beleggers. Het is jouw taak om het evenwicht te vinden binnen de context van bouwtraditie, economie en regelgeving. Veel opdrachtgevers hebben echter geen boodschap aan duurzaamheid. Zij vinden het te duur of te ingewikkeld. Je staat machteloos als je de opdrachtgever niet mee hebt.
Wel kun je een hoop dingen doen die de duurzaamheid vergroten en die niet veel duurder zijn. Duurzaamheid is een nieuwe logica die toegevoegd is aan het ontwerpproces. Zowel de woningen op Prinsenland in Rotterdam, als de bibliotheek van de TU Delft zijn bijna intuïtief duurzaam ontworpen. De woningen op Prinsenland bijvoorbeeld, zijn perfect op de zon georiënteerd en hebben grote ramen op het zuiden. Dat is absoluut logisch. Maar dat is ook een beetje de clou van duurzaam bouwen: als je erover nadenkt is het heel logisch.'

heel prettig te vinden. Tegelijkertijd wordt het gebruik van kunstlicht zo teruggedrongen.

Glas is echter een slechte isolator, waardoor er in de zomer te veel zonnewarmte en in de winter te veel koude de gebouwen binnenkomt. Dit conflict tussen architectonische wens en comfort werd doorgaans opgelost met behulp van machines. Eerst zorgden verwarming en ventilatie voor

broeikaseffect was iets dat met tuinbouw te maken had. Bovendien werden machines als de verbeelding van de technologische vooruitgang gezien. Het gevolg was dat vooral in de jaren zestig en zeventig de wereld werd volgebouwd met vrijwel identieke glazen dozen vol machines. Functie en plek bleken architecten nauwelijks inspiratie te bieden.

Duurzame architectuur / Sustainable architecture
Voorwoord / Preface
Inleiding / Introduction
Verantwoording / Credits

Project / Project

2 / 16

De inmiddels overleden Reyner Banham was een van de eerste architectuurcritici die vraagtekens plaatste bij gebouwen waarvan het binnenklimaat met machines wordt beheerst. Banhams kritiek richtte zich echter niet zozeer op de energieverspilling van deze machines, alswel op het feit dat gebouwen hun identiteit mede aan de locatie

Overdag reflecteren de gevels van Willis-Faber & Dumas de omgeving en gaan er in op. Wanneer de lichten aangaan wordt het gebouw daarentegen volledig transparant.

moeten ontlenen. Hij pleitte voor gebouwen die profiteren van de klimatologische omstandigheden. Zij zouden zo de tegenhangers van de gebouwen van de Internationale Stijl moeten vormen.

Binnen de hightech beweging begon een aantal architecten zich eveneens zorgen te maken. Hun zorg had wel een ecologische achtergrond: in de glazen gebouwen moest door de toenemende warmtelast van het groeiende aantal elektrische apparaten en de grote hoeveelheid binnendrin-gende zonnewarmte, steeds meer worden gekoeld. Conform hun idealen zochten zij naar universele en technische oplossingen.

Een voorbeeld hiervan is het door Norman Foster ontworpen hoofdkantoor van Willis-Faber & Dumas in Ipswich (1974). Om zonnewarmte te weren, paste hij hier getint, reflecterend glas toe. Het gebouw laat prachtig zien wat de mogelijkheden zijn van deze glassoort, waarbij coatings op het glas zijn aangebracht. Overdag worden door het zwart getinte glas zonnewarmte en inkijk tegengehouden en wordt de omgeving in de zwarte panelen gereflecteerd waardoor het gebouw in die omgeving lijkt op te lossen. 's Avonds ondergaat het gebouw een metamorfose. Als de lichten binnen aangaan, wordt de gevel vrijwel volledig transparant en worden de geheimen van het kantoor blootgelegd.

Ook in ecologisch opzicht is dit een verantwoord gebouw. Het heeft een compacte vorm en dus een gunstige verhouding tussen gevel en vloeroppervlak, en op het gebouw ligt een daktuin. Met dit laatste is het landschap dat door het gebouw in beslag wordt genomen, teruggeven aan de gemeenschap. Tegelijkertijd wordt zo de isolatie verbeterd.

OLIECRISIS

Tijdens de realisatie van het hoofdkantoor van Willis-Faber & Dumas brak de oliecrisis (1973) uit en moest het energiegebruik worden teruggedrongen. De oliecrisis was nog geen energiecrisis, laat staan een milieucrisis, maar had wel tot gevolg dat men besefte, dat de energieverspilling van gebouwen onder controle moest worden gebracht. De overheden eisten een hogere isolatiegraad van gebouwschillen. In eerste instantie leidde dit tot dichte gebouwen met kleine raampjes - glas was de zwakke plek in de gevels. Vervolgens zette de glasindustrie zich in om haar product te verbeteren. Dubbel glas voorzien van metalen coatings leek de ideale oplossing.

Ton Venhoeven, Bureau Venhoeven C.S.

'In de reclamewereld was het tot voor kort gebruikelijk om doelgroepen aan te spreken door bepaalde sferen op te roepen. Dat stimuleert een korte koopimpuls. Als je een gebouw ontwerpt, moet dat aan de ene kant zo mooi zijn dat het de opdrachtgever verleidt om te investeren - op dat ogenblik functioneert het

Duurzame architectuur: meer dan getallen / Sustainable architecture: more than numbers – Architect / Architect
Glazen buffers / Glazed thermal buffers – Slimme gebouwen / Smart buildings –
Gebouwen als energieopwekkers / Buildings as energy generators –
Spannende, compacte steden / Exciting, compact cities

2 / **17**

ontwerp binnen de cultuur van dat moment. Aan de andere kant moet het gebouw over vijftig jaar een hoge restwaarde hebben. In dit spanningsveld moeten architecten werken.

Wij hanteren dit door de representatie nooit eenduidig te maken. Door een soort raadsel, een paradox te introduceren. Hierdoor wordt het gebouw nooit een directe voorstelling van een tropisch eiland of van een Italiaanse reiservaring. Er zijn altijd vervuilende verwijzingen in verborgen. We bekijken de dingen vanuit een meervoudig perspectief. Onze gebouwen zijn dan ook nooit honderd procent duurzaam, want er zitten ongetwijfeld aspecten in die niet duurzaam zijn.

We maken ook geen zuivere appartementencomplexen. In al onze gebouwen zijn ruimtes waar niet om gevraagd is. Je creëert zo een spanningsveld en je ontneemt de woning het vanzelfsprekende. Ik denk dat je zo de bewoner kunt opvoeden. Dat klinkt eng, maar mensen hebben heel erg de neiging om als een *zapper* met hun spullen om te gaan. Bevalt iets niet dan gaat het weg. Als je mensen traint om in een wereld te leven die niet volledig beheersbaar is - een wereld die voor een deel een 'Ander' is - dan creëer je een respectvolle relatie. Je brengt op die manier ook de behoefte aan verbouwingsingrepen terug.

Tegelijkertijd voelt men zich hierdoor nooit voor de volle honderd procent thuis in onze gebouwen. Door de televisie voelen wij ons tegenwoordig bijna overal ter wereld op ons gemak. Onze woonomgeving is zo huiselijk geworden dat het gaat knellen. Daarom reizen mensen naar Vietnam alsof ze naar de Veluwe gaan. Door spanning in het woonblok te integreren zal de behoefte aan verre vakanties afnemen. Het is belangrijk dat in het ontwerp alles mogelijk is. Er ontstaat dan een ongelooflijk flexibel gebouw met lelijke of zelfs gevaarlijke kanten. Je moet er wel voor zorgen dat de huid er dusdanig uitziet dat zij op dit moment aantrekkelijk gevonden wordt.'

Ondanks de verbeterde glassoorten viel de energiezuinigheid van deze gebouwen echter tegen. Net als bij de kantoren uit de jaren zestig was de invloed van de klimaatinstallaties erg groot. De warmteverliezen werden nu weliswaar teruggedrongen, maar er dienden zich nieuwe problemen aan. Had het weer vroeger grote invloed op het binnenklimaat, nu kregen de gebouwen door de beter geïsoleerde en vaak hermetisch gesloten buitenschil meer en meer een onnatuurlijk microklimaat. Koude en warmte bleven buiten en de binnen geproduceerde warmte kon niet op natuurlijke wijze uit het gebouw ontsnappen. Machines moesten voor warmte, koude en verse lucht zorgen. Hierbij werd door de grote hoeveelheden glas en door de toenemende interne warmtelast koeling steeds belangrijker.

Verder waren deze gebouwen onaangenaam om in te werken, omdat de gebruikers door het glas en de airconditioning een vertroebeld beeld van de buitenwereld kregen; het leek altijd somberder dan het in werkelijkheid was. Andere

Duurzame architectuur / Sustainable architecture
Voorwoord / Preface
Inleiding / Introduction
Verantwoording / Credits

Project / Project

2 / 18

onaangename aspecten waren dat door het getinte glas vrijwel de hele dag de verlichting moest branden en dat het binnen altijd warmer of kouder was dan buiten. Samen met niet adequaat ontworpen en slecht onderhouden installaties,

sterk verbeterd. Dankzij nieuwe coatings en gasvullingen zijn glassoorten met zeer lage isolatiewaarden verkrijgbaar. De metaaloxiden zijn nauwelijks meer te zien, waardoor daglicht minder aangetast de kantoren binnenkomt. Via de te openen ramen,

Het BRN-kantoorgebouw van Kas Oosterhuis is een volledig gesloten, glazen briket.

maakte dit alles mensen letterlijk ziek. Een nieuwe welvaartsziekte was geboren: het *sick-building*-syndroom. Een groot deel van de nu leegstaande kantoorgebouwen behoort tot het soort gebouwen dat dit veroorzaakt.

Architectonisch gezien is het type kantoorgebouw met gekleurde glazen gevels ook niet meer interessant. De klonen van Fosters hoofdkantoor van Willis-Faber & Dumas vertonen geen glimp meer van de subtiliteit van het origineel. Zeker in de zich rondom alle steden bevindende bedrijvenparken reflecteren deze gebouwen alleen elkaar. Een treffende architectonische afsluiting van het thema 'Gebouw met Glimmende Gevels' zou Kas Oosterhuis' ontwerp voor het cateringbedrijf BRN in Capelle (1987) kunnen zijn. Dit is een gesloten, diepzwarte, glazen doos, waarin het licht lijkt te verdwijnen. De briketachtige vorm kent totaal geen onderscheidende details meer, zelfs de deuren zijn niet of nauwelijks terug te vinden. Introverter en absoluter kan dit type gebouwen niet worden. Met deze karikatuur van het moderne kantoorgebouw zette Oosterhuis zich dan ook fel af tegen de wensen van de gemiddelde opdrachtgever.

waarvan de meeste kantoren nu wel zijn voorzien, wordt de gebruiker bovendien een voorzichtig contact met de buitenwereld gegund.

Vanuit deze basis is het niet zo moeilijk om een aangenaam kantoor, dat op natuurlijke wijze geklimatiseerd is, te scheppen. Toch gebeurt dat nauwelijks. Projectontwikkelaars kiezen nog altijd voor gebouwen die als comapatiënten kunstmatig in leven worden gehouden met machines. De redenen hiervoor zijn vooral praktisch van aard. De zonnewarmte kan alleen met buitenzonwering adequaat worden geweerd. Met name in Frankrijk (Jean Nouvel en Patrick Berger) en Zwitserland (Herzog & DuMeuron en Baumschlager & Eberle) zijn prachtige zonweringssystemen van duurzame materialen als staal en glas gemaakt, maar deze zijn onderhoudsgevoelig en lastig schoon te houden. Daar komt bij dat buitenzonwering in hoge gebouwen door de grote windlast vaak niet mogelijk is. Zonwering wordt daarom vaak binnen opgehangen, waar zij wel het zonlicht, maar niet de warmte tegenhoudt. Koelmachines moeten de binnendringende warmte compenseren.

Inmiddels zijn er echter voldoende interessante alternatieven ontwikkeld voor mechanisch geklimatiseerde gebouwen, alternatieven die een interactief contact tussen binnen en buiten toestaan. Een van de aardigste studies naar een intelligent gemaakte gevel is verricht door Neutelings Riedijk Architecten in samenwerking met Rob Govers (Bureau Bouwkunde) en Hans Cauberg (Cauberg &

INTERACTIEVE GEVEL

Het standaard kantoorgebouw is onder druk van de wens om energiezuiniger en vooral mensvriendelijker omgevingen te creëren, de afgelopen jaren

Duurzame architectuur: meer dan getallen / Sustainable architecture: more than numbers – Architect / Architect
Glazen buffers / Glazed thermal buffers – Slimme gebouwen / Smart buildings –
Gebouwen als energieopwekkers / Buildings as energy generators –
Spannende, compacte steden / Exciting, compact cities

2 / **19**

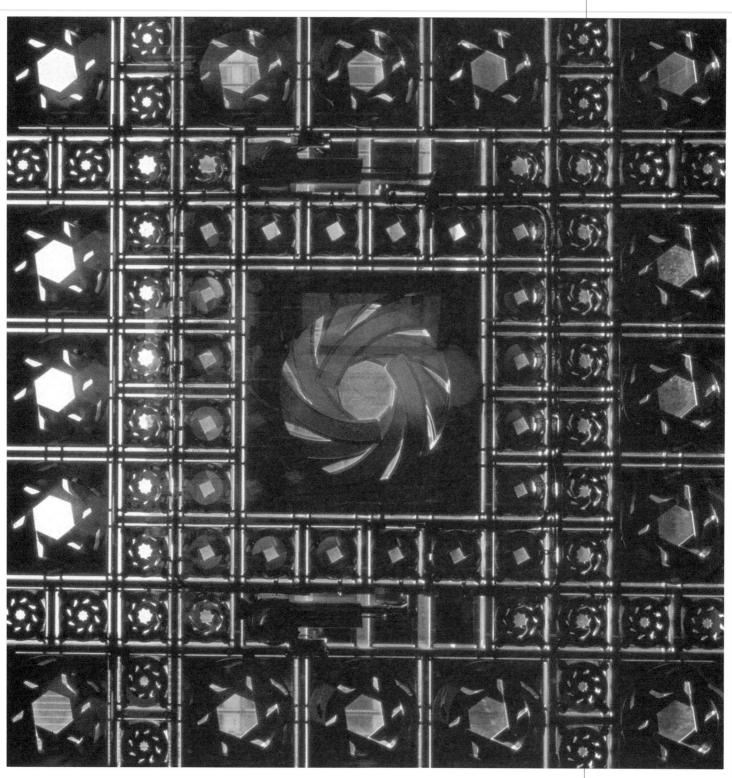

De vernuftige glasgevel van het Institut du Monde de l'Arabe van Jean Nouvel. De elementen functioneren als diafragma's die sluiten zodra het zonlicht te fel wordt. De glaspanelen doen denken aan traditionele Arabische motieven.

Willem Jan Neutelings en Michiel Riedijk, Neutelings Riedijk Architecten

'De overgang naar een duurzamer maatschappij of een duurzamer manier van bouwen is lastig, omdat iedereen zich vastklampt aan tradities. Te veel dingen worden voor waar aangenomen. Neem deze fles. Dit is een prachtige fles. Is hij leeg dan gooien we hem kapot in een glasbak en wordt het glas omgesmolten tot een nieuwe fles. Dat wordt verkocht als de meest ecologische oplossing voor glas. Het is totale waanzin, de meest ecologische oplossing is om die fles, of dat kopje, of die pot schoon te maken en opnieuw te gebruiken. Alle wijnfabrikanten geven hun flessen echter een eigen, specifieke vorm. Je zou deze flessen moeten standaardiseren, net zoals dat bij bierflesjes het geval is.

De bouw zit eveneens vol tradities die het zoeken naar andere manieren van bouwen frustreren. Een installatie-adviseur bijvoorbeeld koppelt een probleem direct aan een machine, hij is niet in staat om bouwkundig te denken. Wij willen hem juist laten nadenken over de materialisatie en zelfs over de vorm van de ruimte. Elementen waardoor er een ander klimaat in een ruimte ontstaat zonder dat je een machine gebruikt. Ruimtes kunnen zo 'machines' worden, maar de installatie-adviseur profileert zich als werktuigbouwkundige en niet als klimaatschepper.

Bovendien volgen de verschillende bouwstromen elkaar traditiegetrouw op, terwijl het voor duurzaam bouwen juist belangrijk is om elke bouwcomponent op verschillende manieren te gebruiken. Beton is niet alleen constructie, maar absorbeert warmte en dient als afwerking van ruimtes. Beton moet daarom in het zicht blijven. Dat stuit op problemen. Waar moeten de leidingen worden gelegd? Voor de brandweerkazerne in Breda leggen we de leidingen in de kanalen van de kanaalplaatvloer. Dit lijkt heel vanzelfsprekend, maar in de bouw vindt iedereen het daarentegen veel logischer dat je eerst kanaalplaten neerlegt en daaronder leidingen hangt. Dit niet benutten van de kanalen is veel gemakkelijker. Wanneer je dat wel doet dan moeten er in de fabriek gaten in de vloer worden gehakt. De installatie-adviseur moet dus heel vroeg in het proces de sparingen aan de betonleverancier doorgeven. Door het hakken komt er rotzooi in de buizen en dus moeten de kanalen voordat ze gelegd worden schoongespoten worden, et cetera. Iedereen vindt ons ontzettend lastig, maar desondanks zullen we dit soort

Duurzame architectuur: meer dan getallen / Sustainable architecture: more than numbers – Architect / Architect

Glazen buffers / Glazed thermal buffers – Slimme gebouwen / Smart buildings – Gebouwen als energieopwekkers / Buildings as energy generators – Spannende, compacte steden / Exciting, compact cities

2 / 21

oplossingen blijven eisen. Niet zuiver om ecologische redenen, maar wij denken dat we zo veel betere gebouwen maken. Het liefst werkt iedereen thuis. Aan de tuin, bij de openslaande deuren en af en toe brengt je partner je een kopje thee. Het rare is dat een kantoor precies het tegenovergestelde is. Het is een door tl-lampen verlicht vertrek dat de uitstraling heeft van een tunnel op de autosnelweg. De ramen kunnen niet open en er komt stoffige lucht binnen uit buizen die lawaai maken. De koffie haal je uit een machine en zit in een plastic bekertje waar je je handen aan brandt. In onze gebouwen proberen we een klimaat te creëren dat het meest op dat van thuis lijkt en ook die sfeer heeft. Door van natuurlijke verschijnselen gebruik te maken, houd je het niet alleen heel simpel, maar breng je ook contrasten aan die iedereen heel prettig vindt.'

Huygens raadgevende ingenieurs) en het vooruitstrevende Britse adviesbureau Battle & McCartney. Hoewel de ideeën die deze samenwerking opleverde duidelijk op de woningbouw zijn geënt, kunnen ze vrij makkelijk worden geprojecteerd op kantoren.

Net als in kantoren moet in woningen oververhitting worden voorkomen, terwijl veel glas noodzakelijk is om daglicht binnen te laten. Een ander paradoxaal probleem is dat er overdag veel warmte op de gevel valt die op dat moment als lastig wordt ervaren, maar in de avonduren goed zou kunnen worden gebruikt om de woningen te verwarmen. Neutelings Riedijk en Battle & McCartney hebben daarom een gevel bedacht die net als een bouwdoos uit een groot aantal elementen bestaat. De bewoners krijgen onder meer transparante isolatiepanelen, mobiele trombemuren en (uiteraard) buitenzonwering tot hun beschikking, waarmee zij een spel kunnen spelen met het buitenklimaat. Ze worden uitgedaagd om zelf de meest optimale situatie te zoeken.

Dit is een volstrekt andere benadering dan de eisen die door de overheid aan gevels worden gesteld. Bij de opstelling van haar normen wordt uitgegaan van een statische toestand, wat in tegenspraak is met de omstandigheden: 's zomers moet warmte worden geweerd, 's avonds en in de winter moet die warmte juist worden vastgehouden. Doordat de overheid de EPC steeds lager stelt, wordt de woning een keurslijf die haar wil aan de bewoners oplegt. In de ecologische wijk Licht en Groen in Amstelveen gaat 'de dictatuur van de duurzaamheid' zelfs zo ver, dat de verwarming afslaat als de bewoners vergeten de ramen te sluiten. Ook de bouwdoos van Neutelings Riedijk Architecten functioneert alleen als de gebruikers

gedisciplineerd zijn. Zij worden voor hun gedrag echter niet gestraft door een machine, maar alleen door het buitenklimaat.

POLYVALENTE MUUR

Bij klimaatbeheersing wordt de mens als een te onberekenbare factor gezien. De ideeën van Neutelings Riedijk Architecten zullen derhalve niet worden uitgevoerd. Er wordt daarom vooral naar technische oplossingen gezocht om klimaatproblemen op te lossen. Het is evenwel nog niet zo ver gekomen als Mike Davies, mededirecteur bij Richard Rogers, zeventien jaar geleden voorspelde. Net als Neutelings Riedijk droomde hij van de polyvalente muur. Bij Davies wordt die echter niet bediend door de mens, maar aangestuurd door elektronica. In zijn essay 'Changes in the rules' stelt Davies dat hij de toekomstige façade als een elektronisch tapijt ziet, als een microchemische kameleon: 'All wiring and cabling, all control engineering is in the facade; including the monitoring, the information transfer network and the decision making logic capacity. The amount of logic required in the average building is really incredibly small. There is no reason why we cannot build this logic, the monitoring devices, the awareness and the response directly into the skin of the building. I would like a building skin where one can change the transparancy; where one could dial the insulative properties and change the thermal mass. The technologies are available for a building with a programmable and adaptive facade. It can be multicoloured. It can transmit information. It can process solar energy in and out. It can play tunes for the occupants.'

Het ligt voor de hand om de klimaatproblemen in de gevel zelf op te lossen. Door de grote hoeveelheid glas is dat immers de plaats waar ze voor een belangrijk deel ontstaan. Intelligent zoals Davies de gevel voor ogen heeft, zijn gebouwen nog niet. Op zich is dit vreemd, want hij deed zijn voorspelling in 1981. Maar glassoorten en folies en vooral ook de noodzakelijke elektronica (sensoren et cetera), zijn zo enorm verbeterd en intelligent geworden, dat zijn polyvalente muur wel zou moeten kunnen worden geconstrueerd. Angst voor de dictatuur van de techniek, de enorme complexiteit van een dergelijke gevel en de daaraan verbonden kosten, zijn waarschijnlijk (goede) redenen waarom dit nog niet het geval is. Om deze redenen wordt verwacht dat niet de elektronica, maar nanotechnieken de basis zullen gaan vormen van een intelligente gevel. Nu al is de *smart-window* ontwikkeld. Het principe van deze op nanotechnologie gebaseerde glasplaat lijkt enigszins op dat van fotochromatisch

Lloyds's hoofdkantoor van Richard Rogers heeft een klimaatgevel waarbij, indien noodzakelijk, de warmte van de afgezogen lucht hergebruikt wordt.

Duurzame architectuur: meer dan getallen / Sustainable architecture: more than numbers – Architect / Architect
Glazen buffers / Glazed thermal buffers – Slimme gebouwen / Smart buildings –
Gebouwen als energieopwekkers / Buildings as energy generators –
Spannende, compacte steden / Exciting, compact cities

2 / 23

of thermochromatisch glas. Ook de *smart-window* verkleurt onder invloed van zonnewarmte van transparant naar blauw of groen. Zij doet dit echter veel sneller dan de andere glassoorten en zal bovendien veel goedkoper zijn.

BRAVE KLIMAATGEVELS

Er zijn intussen wel gevelsystemen ontwikkeld die uit meerdere glaslagen bestaan en die meerdere functies vervullen, bijvoorbeeld klimaatgevels. De buitenste laag beschermt de zonwering tegen weersinvloeden en vermindert tevens de hoeveelheid binnenkomende zonnewarmte. De luchtlaag tussen de glasbladen wordt benut om op een actieve manier het binnenklimaat te beheersen.

In zijn ontwerp voor Cité de Refuge (Parijs, 1929) wilde Le Corbusier al een *mur neutralisant* toepassen. Hij plaatste het volledige klimaatbeheersingssysteem tussen glasplaten. De glazen gevel zou de externe invloeden direct neutraliseren en de ruimtes vrij van installaties houden. In die tijd was een dergelijke gevel echter onuitvoerbaar en besloot men de installatie geheel weg te laten, met als gevolg dat het ongelooflijk warm werd in het Cité de Refuge.

De gevel van het hoofdkantoor van Lloyds (Londen, 1986), ontworpen door Richard Rogers, heeft veel weg van de *mur neutralisant*. Rogers ontwierp een glasgevel met drie lagen, die een belangrijk onderdeel van de airconditioning vormt. Via de lichtarmaturen wordt de vervuilde en opgewarmde lucht naar de gevel getransporteerd. Speciaal vormgegeven en in de gevel zichtbare verlengstukken blazen deze lucht tussen de glasplaten, waarna de lucht mechanisch naar beneden wordt gezogen. In de winter zorgt de stroom warme lucht voor een extra buffer tussen binnen en buiten en 's zomers voorkomt zij opwarming van het gebouw door de plaatsing van zonwering tussen het glas. De op de gevel vallende warmte wordt dan direct afgezogen. Als de warme lucht beneden is aangekomen, kan er een keuze worden gemaakt. Is het gebouw warm genoeg dan wordt de warme lucht naar buiten geblazen, is er warmte elders in het gebouw nodig dan wordt de warme lucht naar de airconditioninginstallatie vervoerd, gefilterd en op de behoeftige plaatsen ingeblazen. De anticipatie op de energiebehoefte van het gebouw beperkt zich wel tot het uitblazen of benutten van opgewarmde lucht.

Lloyds' klimaatgevel heeft zich intussen ontwikkeld tot de meest veilige oplossing voor een energie-efficiënte, klimatologisch beheersbare,

Bij het kantoor van de VSB-bank (Van Mourik Vermeulen architecten) zijn 'brave' klimaatgevels toegepast.

transparante gevel. Kortom, in tegenstelling tot wat Lloyds (en Rogers' compagnon Davies) destijds beloofde, is dit type gevel braaf geworden. Zij wordt vooral toegepast in op zich goede, maar niet bepaald spannende kantoorgebouwen van rijke, conservatieve bedrijven die zich graag een groen imago aanmeten. De chique hoofdkantoren van de VSB-bank (Utrecht), OHRA (Arnhem), Zwitserleven (Amstelveen) en ABN AMRO (Amsterdam) hebben allemaal een klimaatgevel.

Architectonisch veel uitdagender is de toepassing van de klimaatgevel in de bibliotheek van de Technische Universiteit (TU) Delft (1998) - ontworpen door Mecanoo - omdat de toepassing van deze gevel hier rechtstreeks voortvloeit uit het architectonische concept. Mecanoo wilde een gebouw maken dat geen gebouw is, maar een opgetild landschap waaronder 'toevallig' ruimtes zijn ontstaan. Belangrijk bij de realisatie van dit idee was dat de gevels zouden 'verdwijnen'. Zij zijn daarom volledig van glas en schuin geplaatst, waardoor ze de lucht en de grond reflecteren; de gevels lossen op. Wanneer het donker wordt en de lichten aangaan, zijn de kantoorruimtes ongehinderd door het glas zichtbaar. Wat hierdoor visueel overblijft, is het dikke pakket grond dat omhoog is gescheurd. In deze bibliotheek moest echter ook het binnenklimaat op een energie-efficiënte en exacte wijze kunnen worden gecontroleerd. Architectonisch idee en klimatologische randvoorwaarden maakten de keuze voor een klimaatgevel onvermijdelijk.

In de klimaatgevel van de uitbreiding van het ING-kantoorgebouw in Boedapest, paste Erick van Egeraat om totaal andere redenen de klimaatgevel toe; hij profiteerde juist niet van de mogelijkheid

Duurzame architectuur / Sustainable architecture
Voorwoord / Preface
Inleiding / Introduction
Verantwoording / Credits

Project / Project

2 / 24

Erick van Egeraat gebruikt glas vaak op een oneigenlijke wijze. Bij een kantoorgebouw in Boedapest voorzag hij de glasplaten van de klimaatgevel van een imprint. Daardoor lijken zij enigszins op natuursteen.

om een volledig transparante gevel te creëren. De twee spouwzijden van het glas zijn voorzien van een imprint, waardoor het glas lijkt op een vreemd soort natuursteen. Het glas ontkent dat het glas is, een fenomeen dat vaker in het werk van Van Egeraat voorkomt, en wordt een semi-transparante, driedimensionale natuursteen. Tegelijkertijd is een deel van de klimaatbeheersing in deze 'steen' gebundeld.

Zoals bij de bespreking van het hoofdkantoor van Lloyds is vermeld, berust het principe van de klimaatgevel op een luchtspouw tussen twee glasbladen. De in de kantoren opgewekte warmte door verlichting, computers en mensen komt via smalle spleten in de vloer in deze spouw terecht en wordt mechanisch afgezogen. Zo ontstaat in de winter een warmtebuffer tussen binnen en buiten. Het grootste nevenvoordeel in de koudere maanden is

dat de binnenruit niet koud wordt, maar vrijwel dezelfde temperatuur als het kantoor heeft. Er zijn hierdoor geen radiatoren nodig om koudeval te voorkomen en het volledige vloeroppervlak kan worden gebruikt. 's Zomers weert de in de spouw opgenomen zonwering de binnenvallende zonnewarmte, die direct wordt weggezogen. Veel effectiever dan een goed geïsoleerde glasgevel met buitenzonwering is de duurdere klimaatgevel in de zomermaanden echter niet.

De klimaatgevel heeft, behalve braafheid, ook een paar echte nadelen. In de eerste plaats bevat zij in principe geen te openen ramen. Ondanks het vernuft van de gevel blijven de gebruikers in een glazen doos opgesloten zitten. Meer en meer opdrachtgevers (bibliotheek TU Delft en ABN AMRO Amsterdam) eisen dat de kantoren worden voorzien van ramen die wel door de gebruikers kunnen

Duurzame architectuur: meer dan getallen / Sustainable architecture: more than numbers – Architect / Architect
Glazen buffers / Glazed thermal buffers – Slimme gebouwen / Smart buildings –
Gebouwen als energieopwekkers / Buildings as energy generators –
Spannende, compacte steden / Exciting, compact cities

2 / 25

Kees Duijvestein, Milieu-adviseur bij Bureau Boom en hoogleraar TU Delft

'Als je zuiver naar de hoeveelheid materialen kijkt die in Norman Fosters Commerzbank in Frankfurt zijn toegepast, is dit gebouw misschien niet erg ecologisch. Maar het klimaatconcept is interessant. Je moet als milieu-adviseur niet roomser dan de paus zijn, anders zijn dergelijke belangrijke experimenten niet meer mogelijk. Gebouwen als het Ministerie van VROM van Jan Hoogstad of de Commerzbank hebben een extra kwaliteit die moeilijk te kwantificeren is, maar die je wel in je argumentatie mee moet nemen.

Voor architecten levert het milieu genoeg problemen op. Zij moeten rekening houden met geluidsoverlast, grondverontreiniging en De Club van Rome. Het betekent doem en specifieker: beperkingen van hun ontwerpvrijheden. Het milieu kan ook als inspiratiebron dienen. Daarvoor moet je wel de materiaallijsten loslaten. Dat is uitstekend gereedschap voor de ambtenaren, maar voor architecten is het niet inspirerend.

Bij Bureau Boom hanteren wij een methode waarbij je globaal appels met peren vergelijkt. Wij compenseren het noodzakelijke gebruik van sommige materialen, door met een ander elementen juist heel bewust om te springen. Je kunt onmogelijk op alle gebieden het beste bereiken. Voor alle milieuthema's zijn er vier categorieen: D t/m A. D is zoals er nu wordt gebouwd en A is de meest ideale situatie voor het milieu. Architectonische, sociale of economische factoren worden hierbij niet meegerekend. In het bouwteam wordt het ambitieniveau voor wat het milieu betreft bepaald. Daar worden ook de accenten vastgesteld. Door alle partijen bij het bepalen van het milieuprofiel van een project te betrekken, probeer ik ze te prikkelen, te enthousiasmeren. Het is niet goed als wij constant moeten bijsturen, dan hebben wij een remmende werking op het ontwerpproces.'

worden geopend. Maar open ramen verstoren de afzuiging en verlagen hierdoor de efficiëntie van de klimaatgevel. Een bijdrage aan de klimaathuishouding van het gebouw leveren de te openen ramen bovendien niet. Door hun kleine afmetingen is er geen sprake van natuurlijke ventilatie.

Een tweede nadeel is dat de klimaatgevel een gebouw niet vereenvoudigt: de hoeveelheid installaties neemt zeker niet af, ze wordt alleen verplaatst. In plaats van metalen buizen die achter het verlaagd plafond zijn weggewerkt, bestaan de afvoerkanalen nu voor een deel uit glas. Wanneer in plaats van klimaatgevels voor klimaatramen wordt gekozen (VSB-bank, OHRA), is zelfs het omgekeerde het geval: ramen worden ongelooflijk gecompliceerde elementen.

De architect Paul de Ruiter bedacht samen met professor Pierre Leyendeckers voor een bedrijfsverzamelgebouw in het Mercator Science & Technologypark (Nijmegen, 1998) noodgedwongen een eenvoudiger klimaatgevel. Deze is ontstaan uit het door Leyendeckers ontwikkelde klimaatdak in het Nuon-gebouw in Arnhem waar achter het glas een geperforeerde stalen plaat is aangebracht.

Om gestalte te geven aan de wens van de opdrachtgever, een gebouw met een technische uitstraling, ontwierp De Ruiter een volledig glazen doos op een houten sokkel. Realisatie van dit ambitieuze ontwerp leek gezien het extreem lage budget (voor de gevel was zevenhonderd gulden per vierkante meter beschikbaar) vrijwel onmogelijk, maar het tegendeel is waar. Zij bedachten een goedkopere versie van de klimaatgevel die, zo blijkt uit onderzoek, zelfs beter functioneert dan de traditionele klimaatgevel. In deze variant is de binnenste glasplaat vervangen door een zonwerend doek, dat toch noodzakelijk is om verblinding te voorkomen. Bovendien zijn het glas en het doek gemakkelijker schoon te maken dan traditionele klimaatgevels.

Bij deze gevel wordt, in plaats van door smalle spleten in de vloer, over de volledige verdiepingshoogte lucht afgezogen. Daardoor is zij niet erg energiezuinig, want er is een grotere toevoer van verse lucht noodzakelijk. Dat de gevel desondanks kon worden toegepast, is te danken aan de wonderlijke combinatie van verhuurbare kantoor- en laboratoriumunits in dit gebouw. In laboratoria is namelijk om veiligheidsredenen een overdruk en daarmee meer ventilatie vereist. Deze extra capaciteit van de installatie is vervolgens ook in het kantoorgedeelte gebruikt. Tegelijkertijd wordt de afgezogen warmte uit de kantoren gebruikt om de lucht voor de laboratoria te verwarmen.

Een ander nadeel van deze klimaatgevel is dat hij alleen functioneert als het doek helemaal is neergelaten, met andere woorden als de spouw is gevormd. Verwacht wordt dat de doeken de helft van de tijd gesloten zullen zijn en het directe contact met de buitenwereld wordt dus vrij lang gehinderd. Voor de volgende fase van het Mercator Science & Technologypark werken De Ruiter en Leyendeckers daarom aan een verbeterde versie, waarbij het doek dusdanig wordt geweven dat zij verschillende gradaties van transparantie heeft. Het doek zal bovendien op een boven- en onderrol worden gerold, waardoor de gebruiker zelf de mate van transparantie en zonlichtwerendheid kan bepalen. Tevens onderzoekt De Ruiter de mogelijkheden om in het volgende gebouw te openen ramen in het gevelsysteem te integreren, aangezien dit gebouw alleen verhuurbare kantoorunits zal bevatten. De opdrachtgever is er terecht van overtuigd dat de units hierdoor gemakkelijker te verhuren zullen zijn.

In feite heeft Just Renckens in zijn dissertatie *Technologie en organisatie van alu-glasfaçades* (Delft, 1998) al de oplossing voor dit probleem gegeven. Uit zijn onderzoek blijkt dat de klimaatgevel vooral in koude periodes en in hoogzomer optimaal functioneert. Dubbelehuidgevels zijn daarentegen de rest van het jaar gunstiger, omdat zij de gebruiker meer regelmogelijkheden en dus meer comfort bieden. Renckens combineert in zijn gevel 'the best of both worlds' door de tweedehuidfaçade te koppelen aan De Ruiters versie van de klimaatgevel. Deze drielagige gevel noemt Renckens de triplehuidfaçade. Hij lost met zijn gevelprincipe het probleem van de te openen ramen op overtuigende wijze op, maar tegelijkertijd maakt hij de gevel nog duurder en ingewikkelder. Zijn systeem zal hierdoor vooral opdrachtgevers met geld aanspreken, de opdrachtgevers die nu al voor de klimaatgevel kiezen. De triplehuidfaçade biedt hen meer zekerheid en comfort. De architecten die om architectonische redenen geïnteresseerd zijn in duurzaam bouwen, zullen minder zien in Renckens' klimaatgevel. Zij proberen immers de gebouwen eenvoudiger te maken.

HEROVERING VAN DE GEVEL

Tot slot moet als architectonisch nadeel van de klimaatgevel worden genoemd, dat zij niets meer en niets minder dan een deel van de installatie is. Hoewel architecten zonder twijfel grote invloed hebben op de keuze en detaillering van de gevel, valt de vijftien tot dertig centimeter tussen de glas-

Duurzame architectuur: meer dan getallen / Sustainable architecture: more than numbers – Architect / Architect
Glazen buffers / Glazed thermal buffers – Slimme gebouwen / Smart buildings –
Gebouwen als energieopwekkers / Buildings as energy generators –
Spannende, compacte steden / Exciting, compact cities

27

De verschillende lagen voor de glasgevel van het Centre Pompidou (Piano en Rogers) zorgen ervoor dat direct zonlicht wordt geweerd.

platen eigenlijk buiten hun invloedssfeer. Rem Koolhaas omschreef deze ruimte in zijn boek *S,M,L,XL* (Rotterdam, 1995) als 'dark zones'. Hij rekent hiertoe niet alleen de stroken waarin de installaties normaliter zijn ondergebracht, maar ook de constructie. In klimaatgevels zijn *dark zones* niet donker en onheilspellend, maar licht en transparant. Ze vallen echter evengoed buiten de macht van de architect.

Samen met de directeur van ingenieursbureau Ove Arup, Cecil Balmond, heeft Koolhaas geprobeerd om in zijn gebouwen deze ruimte te heroveren door installaties prominent in het zicht te laten of door deze te incorporeren in de zeer beeldbepalende constructies.

Renzo Piano en Richard Rogers hebben met het Centre Pompidou (Parijs, 1977) laten zien, dat de gevel ook op andere manieren als regulerend element kan worden gebruikt; manieren die veel architectonischer zijn dan de klimaatgevel. Niet in de eerste plaats gedreven door energiezuinigheid - vooral het fabrieksmatige van het gebouw moest worden onderstreept - hebben zij voor de volledig glazen gevel van het Centre Pompidou een groot aantal lagen als 'zonwering' aangebracht. Dankzij onder meer roltrappen, gewone trappen, gangen en de constructie wordt het direct invallende zonlicht, en daarmee de zonnewarmte, tot een minimum beperkt. Gefilterd, maar kleurloos daglicht dringt daarentegen wel het gebouw binnen. Wonderlijk genoeg is de beleving van het Centre Pompidou hierdoor vergelijkbaar met die van Fosters hoofdkantoor van Willis-Faber & Dumas. Overdag verdwijnt het gebouw achter de techniek en de infrastructuur, 's avonds wordt de prachtige transparantie van het gebouw vrijgegeven.

Duurzame architectuur / Sustainable architecture
Voorwoord / Preface
Inleiding / Introduction
Verantwoording / Credits

Project / Project

2 / **28**

De architectuur van het Centre Pompidou is te dwingend om vaak te kunnen worden herhaald. Het idee van een bufferzone tussen exterieur en interieur, die soms wel en soms niet door de architect wordt gebruikt, is echter wel terug te vinden in de dubbelehuidfaçade. Deze biedt de architect vele mogelijkheden om de installatie te integreren in de architectuur. In tegenstelling tot de klimaatgevel is dit type gevel gebaseerd op natuurlijke principes. In de buitenste huid zijn openingen aangebracht waardoor verse buitenlucht, al dan niet gefilterd, opgewarmd of gekoeld, de spouw binnenkomt. Deze lucht kan door de te openen ramen de kantoren worden binnengehaald, die zo op natuurlijke wijze worden geventileerd. Door opwarming door de zon en door de uit de kantoren afkomstige warmte stijgt de lucht op en verlaat via kleppen aan de bovenzijde van de spouw of het gevelelement het gebouw. 's Winters kunnen de kleppen in de gevel (deels) worden gesloten, waardoor een luchtbuffer tussen binnen en buiten ontstaat. Bij de dubbelehuidgevel wordt de natuur niet geforceerd buiten gehouden, maar zij wordt in een getemperde vorm gebruikt om het klimaat binnen te beheersen.

Toch is het systeem niet zo simpel als het op het eerste gezicht lijkt. Allereerst moet de lucht, om natuurlijke ventilatie het hele jaar door mogelijk te maken, kunnen worden voorverwarmd of gekoeld. De buitenlucht kan immers te koud of te warm zijn en daardoor geen positieve bijdrage aan het binnenklimaat leveren. Er zijn dus voorzieningen nodig om de 'scherpe randjes' van de buitenlucht af te halen en dat kost energie. Daarnaast kan de temperatuur van de lucht, zeker als de spouw over de volledige lengte van het gebouw loopt, tot zeer onaangename hoogtes oplopen. Deze warmte kan de kantoren binnendringen. Als er dan een koelinstallatie ontbreekt, kunnen de bovenste verdiepingen veel te warm worden. Door de enorme thermische spanning kan tevens het glas breken.

In het gebouw van Norman Foster en adviseur Norbert Kaiser in het Micro-elektronicpark (Duisburg, 1993) traden dit soort problemen op. Deze gevel kan evenwel niet als een echte dubbelehuidgevel worden beschouwd. Het is meer een klimaatgevel gebaseerd op thermiek. Buitenlucht komt de spouw binnen en wordt opgewarmd door de zon en de warmte uit de kantoren, maar de gebruikers kunnen de ramen van de kantoren niet openen. De tweede huid dient derhalve alleen om de zonwering tegen wind en regen te beschermen en om een luchtbuffer aan te brengen. In het architectonisch boeiende gebouw is inmiddels een installatie aangebracht waardoor de binnenklimaatproblemen zijn opgelost.

Ondertussen heeft men ontdekt dat door horizontale compartimentering van de spouw en het nauwkeurig dimensioneren van de openingen, het ongecontroleerd opwarmen van de spouwlucht, zoals hierboven beschreven, kan worden voorkomen. Zeker in een zuidgevel is opdeling onvermijdelijk. Behalve de te hoge temperaturen voorkomt de horizontale opdeling van de spouw ook dat geluid en - in het geval van brand - rook zich door het gebouw kunnen verspreiden. Bovendien maakt een dergelijke opdeling - mits de compartimentering beloopbaar en de spouw breed genoeg is - het schoonmaken van de binnenzijde van de spouw gemakkelijker. De scheidingen mogen echter niet te veel de daglichttoetreding hinderen en zijn daarom vaak gemaakt van gelaagd glas gecombineerd met stalen roosters.

Een van de verst doorgevoerde versies van de dubbelehuidgevel is toegepast bij het Götz-hoofdkantoor (Würzburg, 1995) van Webler + Geissler. Ter verbetering van het dubbelehuidprincipe zijn hier in de spouw ventilatoren geplaatst, die in de winter lucht van de bezonde zijde naar de thermisch koude kant van het gebouw verplaatsen.

Verder is voor een zo groot mogelijke penetratie van daglicht in het kantoor gezorgd, waarbij tegelijkertijd wordt voorkomen dat het gebouw opwarmt. Er zijn daartoe twee onafhankelijk van elkaar bewegende louvres in de spouw opgehangen. De bovenste louvres zorgen ervoor dat het daglicht diep het gebouw wordt ingekaatst, de onderste zijn geperforeerd en diep zwart. Zij nemen de zonnewarmte op, terwijl het zicht (deels) behouden blijft. Door de dubbele louvres kan kunstlicht grote delen van het jaar uitblijven.

Voor de onvermijdelijke koeling wordt in het Götz-hoofdkantoor zonne-energie gebruikt. Er is een koelmachine geïnstalleerd, die wordt aangedreven door elktriciteit die wordt opgewekt in grote zonnecollectoren.

De tweede huid kan behalve de zonwering beschermen en een geleidelijkere overgang tussen binnen en buiten creëren, ook wind en verkeerslawaai tegenhouden. Dubbelehuidgevels maken daardoor natuurlijke ventilatie in zeer hoge gebouwen en op door verkeerslawaai belaste plaatsen mogelijk, al moet dan wel met nieuwe problemen rekening worden gehouden, tocht bijvoorbeeld.

Norman Fosters Commerzbank (Frankfurt, 1997) is de eerste toren met dubbelehuidramen. Trots is dit gebouw als de eerste groene toren ter wereld geafficheerd. Onderin de ramen zijn openingen aangebracht waardoor verse lucht de

Duurzame architectuur: meer dan getallen / Sustainable architecture: more than numbers – Architect / Architect
Glazen buffers / Glazed thermal buffers – Slimme gebouwen / Smart buildings –
Gebouwen als energieopwekkers / Buildings as energy generators –
Spannende, compacte steden / Exciting, compact cities

2 / 29

spouw binnenstroomt. Deze lucht verlaat het gevelelement aan de bovenkant. In het oorspronkelijke plan zaten in de openingen schoepen die door het gebouwbeheerssysteem zouden worden aangestuurd. Angst voor de onderhoudsgevoeligheid (en kosten) van een dergelijk mechaniek deed Foster echter afzien van dit idee. Nu worden bij te hoge windsnelheid de ramen automatisch gesloten, waarna de kantoren mechanisch worden geventileerd.

Als Foster het hierbij had gelaten, zou de Commerzbank inderdaad een belangrijk voorbeeld van een ecologische toren zijn geweest. Maar Foster plaatste om het groene concept verder aan te zetten, op elke verdieping een wintertuin; deze nemen een derde van de totale oppervlakte in beslag. Het idee hierachter was, dat via de wintertuinen en het centrale atrium verse lucht de kantoren kan binnenkomen. Maar door de opoffering van vloeroppervlak aan 'nutteloze' tuinen groeide de toren tot bijna driehonderd meter en is daarmee bijna twee keer zo hoog als gevraagd. Hoewel de Commerzbank uiteraard een toonaangevend gebouw met een prachtig interieur en een boeiend klimaatconcept blijft, maakt de enorme hoeveelheid extra materiaal die nodig is om dit gebouwconcept te realiseren, het dus moeilijk de toren ecologisch te noemen.

Een zuiverder ecologische toren is de Düsseldorfer Stadttor (1998) van Petzinka, Pink und Partner, al moet wel worden vermeld dat deze toren beduidend lager is dan de Commerzbank. Het gebouw heeft een parallellogramvormige plattegrond, waaromheen de architecten een glazen huid hebben gespannen. In tegenstelling tot de gevel van de Commerzbank, die wordt bepaald door het gekozen constructieprincipe met als gevolg enorme vierendeelliggers in de borstweringen, heeft de Stadttor een fijn gedetailleerde, structureel glazen gevel. Er komt hierdoor veel meer daglicht het gebouw binnen dan door de relatief kleine ramen van de Commerzbank. Tevens wordt zo energie bespaard; kunstlicht zorgt namelijk voor liefst 25 procent van het totale energiegebruik in kantoren.

Ook in een ander opzicht is de Stadttor energiezuiniger dan de Commerzbank. De glazen gevel in Düsseldorf is namelijk wel voorzien van automatisch afsluitbare schoepen. Blijft de binnenste gevelplaat van de Commerzbank blootgesteld aan de elementen (harde wind en lage temperaturen), in de Düsseldorfer Stadttor kan in de afgesloten spouw een isolerende, stilstaande laag lucht ontstaan wanneer dat klimatologisch nodig is. Architecten kunnen dankzij de dubbelehuidgevels

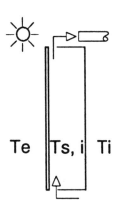

Te | Ts, i | Ti

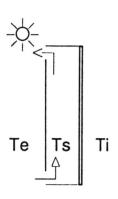

Te | Ts | Ti

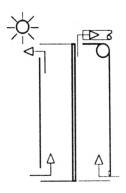

De klimaatgevel (boven): de lucht uit de kantoren wordt via de spouw tussen de glasplaten afgezogen. De dubbelehuidgevel (midden): de buitenlucht vormt een buffer tussen binnen en buiten. De werking berust op natuurlijke principes. De triplehuidfacade (onder): een combinatie van de klimaatgevel die werd ontwikkeld door professor Leyendeckers en architect Paul de Ruiter en een dubbelehuidgevel.

Voor een locatie in het centrum van Brussel ontwierp Philippe Samyn een kantoortoren die vrijwel volledig uit hout en glas is opgebouwd. Tussen de glasplaten zijn hellingbanen aangebracht die in eerste instantie bedoeld zijn als vluchtroute, maar die wandelaars ook een fascinerend uitzicht op Brussel bieden.

volledig transparante gebouwen maken, waarin ondanks de grote hoeveelheid glas, installaties grote delen van het jaar niet aangezet hoeven te worden. Een tweede voordeel is dat de ruimte tussen de dubbele huid architectonisch kan worden benut.

Het Amerikaanse architectenbureau SITE ontdekte deze mogelijkheden al in 1979. In dat jaar werd bij het filiaal van de BEST-supermarkt in Florida in de spouw een subtropische tuin aangelegd, waardoor de overgang tussen buiten en binnen is vervaagd. Behalve palmen en andere tropische planten zijn door het glas ook de verschillende aardlagen zichtbaar. Verder stroomt er voortdurend water langs de binnenzijde van de gevel, met als gevolg dat het glas koel blijft.

De Belgische architect Philippe Samyn en de Nederlandse architect Robert Winkel brachten eveneens nieuwe functies onder in de glazen spouw. Samyn plaatste in een kantoortoren (Brussel, 1998) een soort houten ezelspaadje in de spouw. Bezoekers en werknemers kunnen hierover naar boven of beneden wandelen, terwijl zij genieten van het uitzicht over de stad. Tegelijkertijd voorkomt de houten constructie directe zoninval. De gevel is daarmee een dynamisch element geworden. Winkel ging een stap verder. Bij de verbouwing van een voormalig schakelstation (1999) bracht hij tussen de twee glasbladen van de dubbelehuidfaçade zowel trappen als semi-transparante-cabines onder. Deze doen niet alleen als pantry dienst, maar ook als toilet. Tevens functioneren zij als zonwering. Er is zo een transparante gevel ontstaan, waarin de hele dag iets gebeurt.

SERRES

Serres en atriums in gebouwen fungeren eveneens als buffer. Net als de dubbelehuidfaçade dempen zij op natuurlijke wijze de invloeden van buiten. Ook de manier waarop dit gebeurt, is vaak identiek aan de dubbelehuidfaçade. Wel moeten in het dakvlak aanvullende maatregelen worden genomen, om in de zomer zonnewarmte te weren. Tevens moet in de winter koudeval vanaf het glasdak worden voorkomen. Atriums en serres zijn dankzij het daar heersende mediterrane klimaat aangename plekken in een gebouw en zij zorgen voor een gunstigere verhouding tussen geveloppervlak en volume.

Voor het ministerie van VROM (Den Haag, 1992), ontworpen door Jan Hoogstad, was een tweede glazen huid noodzakelijk om de extreem hoge geluidsbelasting op de kantoorgevel te beperken. Hoogstad maakte van de nood een

Duurzame architectuur: meer dan getallen / Sustainable architecture: more than numbers – Architect / Architect
Glazen buffers / Glazed thermal buffers – Slimme gebouwen / Smart buildings –
Gebouwen als energieopwekkers / Buildings as energy generators –
Spannende, compacte steden / Exciting, compact cities

2 | 31

deugd en greep deze situatie aan om zijn ideeën over het gezonde kantoorgebouw in de praktijk te brengen.

De serres in dit gebouw zijn op 'natuurlijke' wijze ontstaan. In plaats van de tweede glazen huid strak om de H-vormige plattegrond van het gebouw te spannen, heeft Hoogstad de openingen in het volume met glazen schalen opgevuld. De serres vormen als het ware een uitgerekte spouw tussen twee glasbladen. Daardoor zijn zes grote (extra) ruimtes ontstaan, die niet in het programma werden genoemd en dus naar eigen inzicht konden worden ingericht. Landschapsontwerper Michael van Gessel heeft hier zeer aangename ontmoetingsruimtes van gemaakt door er enorme palmen neer te zetten (in de winter moeten deze ruimtes overigens wel verwarmd worden om als ontmoetingsplaats te functioneren). Daarnaast dienen de in de serres opgehangen loopbruggen en trappetjes als secundaire infrastructuur en voorzien de serres de kantoren van verse lucht. Om opwarming te voorkomen zijn in de gevel zogenaamde Y-liggers geplaatst en kan in de zomer het dak worden opengeschoven. Desalniettemin blijft het in het gebouw altijd een paar graden warmer dan buiten.

Het Duitse architectenbureau LOG ID maakt in haar

gebouwen altijd gebruik van glazen buffers. Dieter Schempp, medeoprichter van dit bureau, omschrijft zijn werk als groene-zonne-architectuur. De verse buitenlucht voor de kantoren wordt eerst door serres geleid die vol staan met speciale subtropische planten. LOG ID claimt dat de planten het zuurstofgehalte van de lucht verrijken. NASA-rapporten stellen echter dat hiervoor een enorme

Om de geluidsoverlast op de kantoorgevel van het Ministerie van VROM te verminderen, plaatste Jan Hoogstad in de nissen van de H-vormige plattegrond glazen serres.

Cargo van Neutelings Riedijk Architecten is een kantoorgebouw naast Schiphol. Om natuurlijke ventilatie mogelijk te maken zijn onderin de dubbele huid kleppen aangebracht die worden gesloten als het lawaai van de vliegtuigen te groot is. Deze kleppen zijn ook 's nachts en in de winter gesloten, dan echter om de warmte in het gebouw vast te houden.

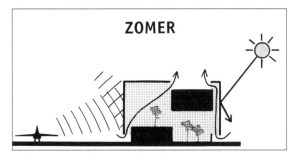

ZOMER

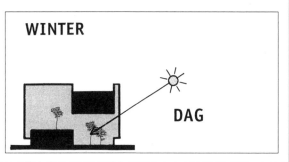

WINTER

DAG

Principe werking dubbelehuidgevel Cargo.

Duurzame architectuur / Sustainable architecture
Voorwoord / Preface
Inleiding / Introduction
Verantwoording / Credits

Project / Project

2 / **32**

Tussen de twee glasplaten van het BEST-warenhuis heeft SITE tropische planten neergezet. Het water dat langs de gevel stroomt zorgt ervoor dat de temperatuur in de spouw niet te veel oploopt.

als in andere gebouwen met glazen buffers, net iets warmer dan buiten worden. In West-Europese landen levert dit een mediterraan klimaat op. LOG ID en Jourda profiteren van deze nieuwe klimaten door zeer aangename binnentuinen aan te leggen, die nieuwe werk- en recreatieplekken opleveren.

Architecten creëren door toepassing van de dubbelehuidgevel en andere glazen buffers veel vrijheid voor zichzelf. Maar wat levert het de opdrachtgever op? Gecompliceerde, dynamische gevels zijn duurder dan de goed geïsoleerde, statische gevels. Daar staat tegenover dat de dubbelehuidgevels energetisch gunstig zijn. Niet alleen wordt er bespaard op koeling, verwarming en ventilatie, maar ook wordt veel daglicht het gebouw binnengelaten. Na airconditioning wordt de meeste energie in kantoren gebruikt door verlichting. Aangezien de energieprijzen nu nog te laag zijn om deze extra investering op korte termijn terug te verdienen, is energiezuinigheid op zich echter geen doorslaggevend argument.

Tot op heden wordt duurzame architectuur dan ook vooral gebouwd in opdracht van overheden en grote bedrijven die zich een groen imago willen aanmeten. Een belangrijk argument voor hen is dat dynamische kantoren aangenamer zijn. Door het gecontroleerd binnenlaten van het buitenklimaat, bieden deze kantoren de gebruikers een contrastrijk klimaat dat prikkelt en mensen scherp houdt. Met natuurlijke ventilatie ontstaat bovendien een vloeiend binnenklimaat: de tegenstelling tussen binnen en buiten wordt minder groot. Als het buiten koud is, zal het binnen ook iets koeler zijn en in de zomer is het binnen iets warmer. Zeker als de extra ruimtes worden benut om groene gebieden aan te leggen, krijgen kantoren zo veel meer het karakter van een prettige werkkamer thuis. In tegenstelling tot de overbeheerste statische kantoorgebouwen zullen deze dynamischere gebouwen veel minder snel vervelen.

hoeveelheid planten nodig is. Wel is zeker dat deze planten schaduw bieden en 'zweten' waardoor zij de luchtvochtigheid in de serre verhogen en de temperatuur iets daalt. De planten zijn erop geselecteerd dat een deel in de winter de bladeren verliest. Het zonlicht krijgt daardoor de kans dieper het gebouw binnen te dringen en het op te warmen. De architecte Françoise Jourda plaatste bij het Opleidingscentrum in Herne-Sodingen (1999) de drie gebouwen in een glazen doos. Hierdoor dreigde evenwel te veel daglicht door het dak binnen te komen, waarop men besloot op het dakvlak een groot aantal zonnepanelen te plaatsen. Ondanks de natuurlijke ventilatie en deze beschutting zal het in het Opleidingscentrum, net

Duurzame architectuur: meer dan getallen / Sustainable architecture: more than numbers –
Glazen buffers / Glazed thermal buffers – Slimme gebouwen / Smart buildings –
Gebouwen als energieopwekkers / Buildings as energy generators –
Spannende, compacte steden / Exciting, compact cities

Project / Architect

2.1

2 / 33

Woontoren, Den Haag (NL)
Neutelings Riedijk Architecten

Titel	Adviseur constructies	Ontwerp
Woontoren Dedemsvaartweg,	**Pieters Bouwtechniek, Haarlem**	**1993**
Den Haag	Technisch ontwerp	Netto vloeroppervlak
Architect	**Bureau Bouwkunde, Rotterdam**	**4.000 m²**
Neutelings Riedijk Architecten,	Adviseur installatie/bouwtechniek	
Rotterdam	**Battle & McCarthy, Londen**	
Opdrachtgever	Adviseur bouwfysica	
Sfb-bpf-bouw, Amsterdam	**Cauberg-Huygen, Rotterdam**	

Voor een appartementencomplex in Den Haag hebben Neutelings Riedijk Architecten, samen met het Engelse adviesbureau Battle & McCartney, onderzoek gedaan naar nieuwe methodes om woningen te koelen en te verwarmen. Behalve de in hoofdstuk twee beschreven bouwdoos is er een gevelsysteem bedacht, dat bestaat uit halfronde aluminium profielen met pcm-

vulling. Overdag nemen deze warmte op, 's avonds worden de profielen 180 graden gedraaid, waarna de warmte wordt afgestaan aan de kamers. Verder werd voor de zuidwestgevel onder meer de watermuur ontwikkeld. Dit is een holle muur die gevuld is met water, een medium dat warmte beter vasthoudt dan bijvoorbeeld beton. Convectie zorgt ervoor dat het door de

zon opgewarmde water opstijgt. Bovenin de muur wordt dit warme water afgetapt en gebruikt voor verwarming van de appartementen. Ook worden hiermee de op het dak geplaatste en als buffer dienende vijvers gevuld. Opmerkelijk is ten slotte de glazen ruimte die het gebouw in tweeën deelt. Hierin komt de vuile, warme lucht uit de

appartementen terecht. Door de louvres in het dak verlaat deze lucht het gebouw, terwijl de openingen in de zijgevel zorgen voor de aanvoer van verse buitenlucht. De liftcabine in de glazen ruimte dient als pomp om de luchtcirculatie te waarborgen.

Duurzame architectuur / Sustainable architecture
Voorwoord / Preface
Inleiding / Introduction
Verantwoording / Credits

Project / Project
Woontoren, Den Haag

2 / 34

1 - 3 / Voor de woontoren aan de
Dedemsvaartweg in Den Haag is onderzoek
gepleegd naar manieren om het gebouw zelf het
klimaat te laten beheersen.

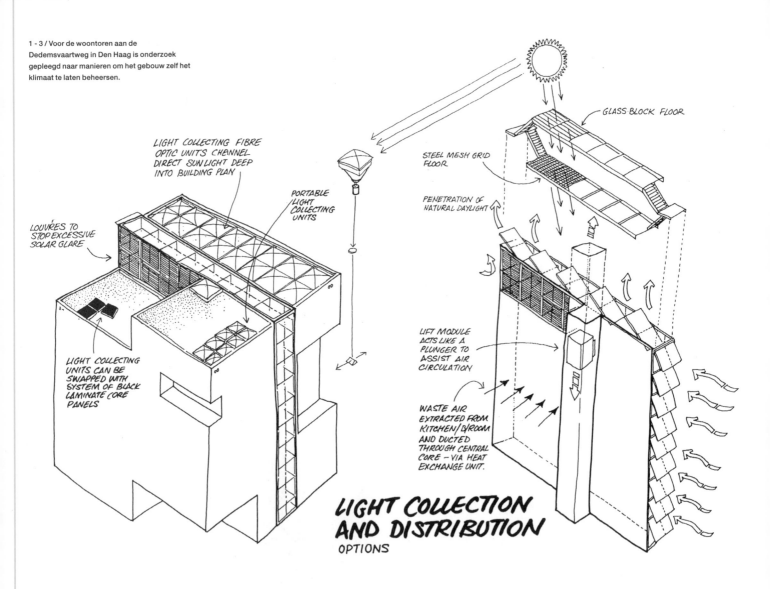

LIGHT COLLECTING FIBRE OPTIC UNITS CHANNEL DIRECT SUN LIGHT DEEP INTO BUILDING PLAN

PORTABLE LIGHT COLLECTING UNITS

LOUVRES TO STOP EXCESSIVE SOLAR GLARE

LIGHT COLLECTING UNITS CAN BE SWAPPED WITH SYSTEM OF BLACK LAMINATE CORE PANELS

GLASS-BLOCK FLOOR

STEEL MESH GRID FLOOR

PENETRATION OF NATURAL DAYLIGHT

LIFT MODULE ACTS LIKE A PLUNGER TO ASSIST AIR CIRCULATION

WASTE AIR EXTRACTED FROM KITCHEN/B/ROOM AND DUCTED THROUGH CENTRAL CORE – VIA HEAT EXCHANGE UNIT.

LIGHT COLLECTION AND DISTRIBUTION OPTIONS

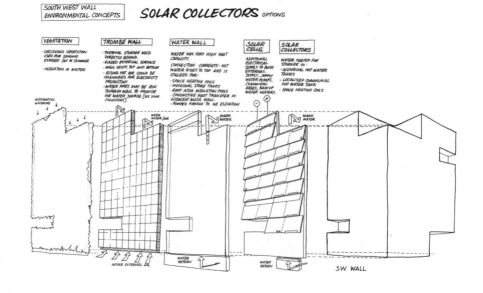

SOUTH WEST WALL ENVIRONMENTAL CONCEPTS

SOLAR COLLECTORS OPTIONS

VEGETATION
- DECIDUOUS VEGETATION USED FOR SHADING EXPOSED SUN IN SUMMER
- INSULATION IN WINTER

TROMBE WALL
- THERMAL STORAGE MASS DIRECTLY BEHIND.
- GLAZED EXTERNAL SURFACE.
- RISING HOT AIR, COULD BE CHANNELED FOR ELECTRICITY PRODUCTION
- WALL VENTS TOP AND BOTTOM
- WATER PIPES MAY BE RUN THROUGH WALL TO PROVIDE HOT WATER SOURCE [SEE SOLAR COLLECTORS].

WATER WALL
- WATER HAS VERY HIGH HEAT CAPACITY.
- CONVECTION CURRENTS - HOT WATER RISES TO TOP AND IS UTILIZED FOR:
  - SPACE HEATING COILS
  - INDIVIDUAL STORE TANKS
  - ROOF AREA INSULATION POOLS
  - CONDUCTIVE HEAT TRANSFER IN ADJACENT MASS WALL.
  - PUMPED AROUND TO NE ELEVATION

SOLAR CELLS
- ADDITIONAL ELECTRICAL SUPPLY TO BACK EXTERNAL SUPPLY: SUPPLY WATER PUMPS, COMMUNAL AREAS, BACKUP WATER HEATERS.

SOLAR COLLECTORS
- WATER HEATER FOR STORAGE IN:
  - INDIVIDUAL HOT WATER TANKS
  - LOCALISED COMMUNAL HOT WATER TANK
  - SPACE HEATING COILS

MECHANICAL WATERING

WARM WATER / AIR

WARM WATER

WARM WATER

INTAKE EXTERNAL AIR

WATER RETURN

WATER RETURN

SW WALL

Duurzame architectuur: meer dan getallen / Sustainable architecture: more than numbers –
Glazen buffers / Glazed thermal buffers – Slimme gebouwen / Smart buildings –
Gebouwen als energieopwekkers / Buildings as energy generators –
Spannende, compacte steden / Exciting, compact cities

Architect / Architect
Neutelings Riedijk Architecten

2 / 35

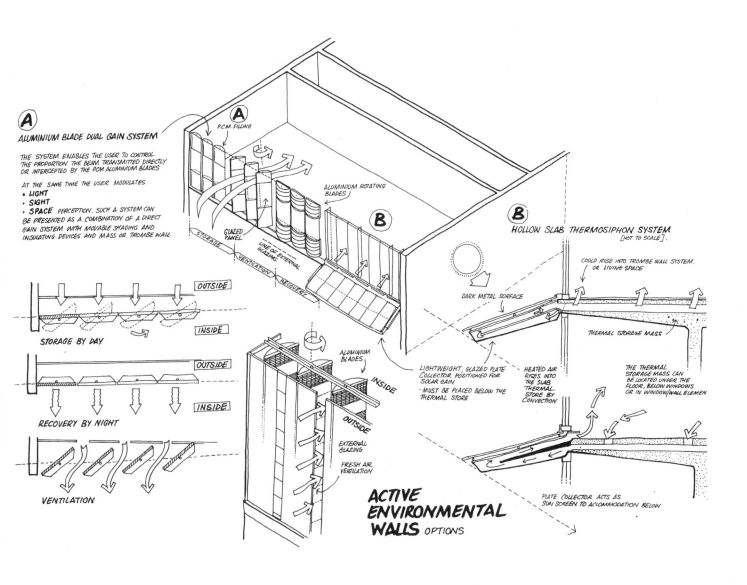

(A) ALUMINIUM BLADE DUAL GAIN SYSTEM

THE SYSTEM ENABLES THE USER TO CONTROL THE PROPORTION THE BEAM TRANSMITTED DIRECTLY OR INTERCEPTED BY THE PCM ALUMINIUM BLADES.

AT THE SAME TIME THE USER MODULATES
• LIGHT
• SIGHT
• SPACE PERCEPTION. SUCH A SYSTEM CAN BE PRESENTED AS A COMBINATION OF A DIRECT GAIN SYSTEM WITH MOVABLE SHADING AND INSULATING DEVICES AND MASS OR TROMBE WALL

P.C.M. FILLING

ALUMINIUM ROTATING BLADES

GLAZED PANEL

LINE OF EXTERNAL GLAZING.

STORAGE / VENTILATION / RECOVERY

OUTSIDE / INSIDE
STORAGE BY DAY

OUTSIDE / INSIDE
RECOVERY BY NIGHT

VENTILATION

ALUMINIUM BLADES
INSIDE
OUTSIDE
EXTERNAL GLAZING
FRESH AIR VENTILATION

ACTIVE ENVIRONMENTAL WALLS OPTIONS

(B) HOLLOW SLAB THERMOSIPHON SYSTEM
[NOT TO SCALE].

COULD RISE INTO TROMBE WALL SYSTEM. OR LIVING SPACE

DARK METAL SURFACE

THERMAL STORAGE MASS

LIGHTWEIGHT, GLAZED PLATE COLLECTOR POSITIONED FOR SOLAR GAIN
–MUST BE PLACED BELOW THE THERMAL STORE

HEATED AIR RISES INTO THE SLAB THERMAL STORE BY CONVECTION

THE THERMAL STORAGE MASS CAN BE LOCATED UNDER THE FLOOR, BELOW WINDOWS OR IN WINDOW/WALL ELEMEN

PLATE COLLECTOR ACTS AS SUN SCREEN TO ACCOMMODATION BELOW

2.2 Bibliotheek Technische Universiteit (TU), Delft (NL)

Titel	Adviseur constructies	Adviseur bouwfysica
Bibliotheek Technische Universiteit, Delft	**ABT adviesbureau voor bouwtechniek b.v., Delft/Velp**	**Adviesbureau Peutz & Associes b.v., Molenhoek**
Architect	Adviseur installatie/bouwtechniek	Ontwerp - oplevering
Mecanoo architekten b.v., Delft	**Ketel raadgevende ingenieurs b.v., Delft**	**1993 - 1997**
Opdrachtgever		Bruto vloeroppervlak
ING Vastgoed Ontwikkeling b.v, Den Haag	**Deerns Raadgevende ingenieurs b.v., Rijswijk**	**ca. 15.000 m²**

De nieuwe bibliotheek van de Technische Universiteit in Delft ligt vlak achter de aula van Van den Broek & Bakema. Het Delftse architectenbureau Mecanoo achtte het niet verstandig om een concurrentiestrijd met dit enorme betonnen monument aan te gaan en vond daarnaast dat de TU-wijk groener moet worden. Deze twee uitgangspunten hebben geleid tot het 'optillen' van een grasveld. De toepassing van de klimaatgevels is een rechtstreeks gevolg van dit architectonische concept. Om het idee van een opgetild stuk land te visualiseren, moeten de gevels immers 'verdwijnen'.

Hoewel duurzaamheid geen uitgangspunt was, blijkt het gebouw behalve architectonisch ook ecologisch belangwekkend. Het grasdak verhoogt niet alleen de thermische isolatie en de geluidsisolatie, maar het dak krijgt door de laag grond ook een groter accumulerend vermogen.

Ondanks de klimaatgevels en het grasdak blijft koeling noodzakelijk. Een koeltoren zou het idee van het opgetilde grasveld verstoren. Er is daarom gekozen voor koude-opslag: naast de bibliotheek is een veertig meter diepe put gegraven waarin 's winters koude wordt opgeslagen. Deze wordt in de zomer gebruikt om de buitenlucht voor te koelen.

Duurzame architectuur: meer dan getallen / Sustainable architecture: more than numbers –
Glazen buffers / Glazed thermal buffers – Slimme gebouwen / Smart buildings –
Gebouwen als energieopwekkers / Buildings as energy generators –
Spannende, compacte steden / Exciting, compact cities

Architect / Architect

2 / 37

Mecanoo architekten

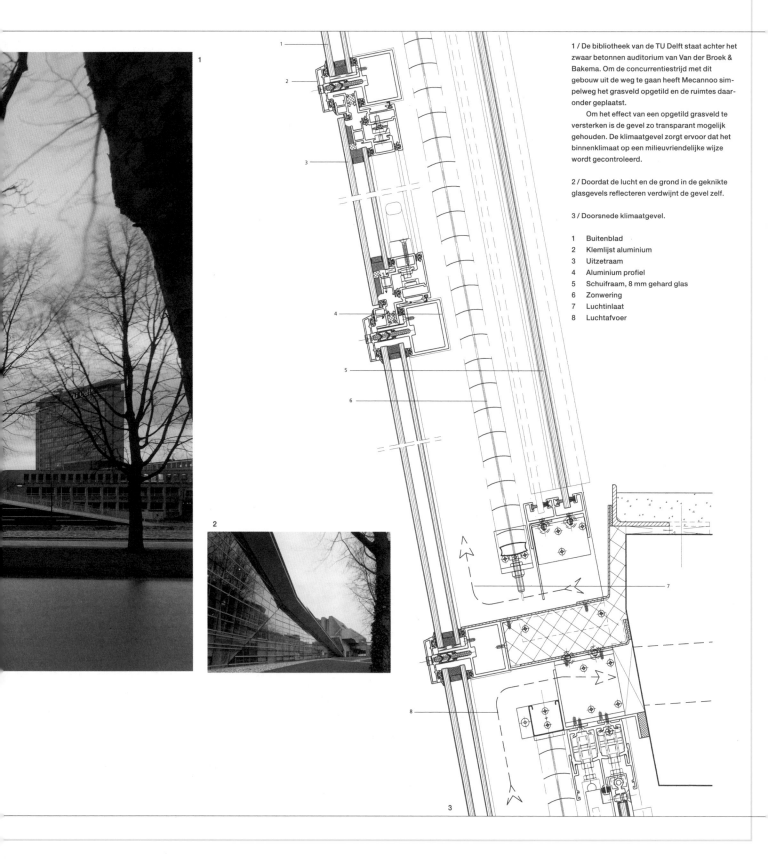

1 / De bibliotheek van de TU Delft staat achter het
zwaar betonnen auditorium van Van der Broek &
Bakema. Om de concurrentiestrijd met dit
gebouw uit de weg te gaan heeft Mecannoo simpelweg het grasveld opgetild en de ruimtes daaronder geplaatst.

Om het effect van een opgetild grasveld te
versterken is de gevel zo transparant mogelijk
gehouden. De klimaatgevel zorgt ervoor dat het
binnenklimaat op een milieuvriendelijke wijze
wordt gecontroleerd.

2 / Doordat de lucht en de grond in de geknikte
glasgevels reflecteren verdwijnt de gevel zelf.

3 / Doorsnede klimaatgevel.

1 Buitenblad
2 Klemlijst aluminium
3 Uitzetraam
4 Aluminium profiel
5 Schuifraam, 8 mm gehard glas
6 Zonwering
7 Luchtinlaat
8 Luchtafvoer

Duurzame architectuur: meer dan getallen / Sustainable architecture: more than numbers –
Glazen buffers / Glazed thermal buffers – Slimme gebouwen / Smart buildings –
Gebouwen als energieopwekkers / Buildings as energy generators –
Spannende, compacte steden / Exciting, compact cities

Duurzame architectuur / Sustainable architecture
Voorwoord / Preface
Inleiding / Introduction
Verantwoording / Credits

Project / Project
Bibliotheek Technische Universiteit (TU), Delft

2 / 38

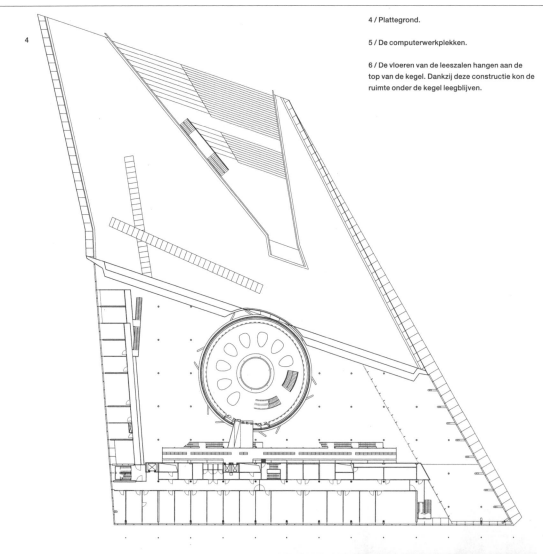

4

4 / Plattegrond.

5 / De computerwerkplekken.

6 / De vloeren van de leeszalen hangen aan de top van de kegel. Dankzij deze constructie kon de ruimte onder de kegel leegblijven.

5

Duurzame architectuur: meer dan getallen / Sustainable architecture: more than numbers –
Glazen buffers / Glazed thermal buffers – Slimme gebouwen / Smart buildings –
Gebouwen als energieopwekkers / Buildings as energy generators –
Spannende, compacte steden / Exciting, compact cities

Architect / Architect
Mecanoo architekten

2 / 39

6

Duurzame architectuur / Sustainable architecture
Voorwoord / Preface
Inleiding / Introduction
Verantwoording / Credits

Project / Project

2.3 Mercatorgebouw, Nijmegen (NL)

2 / 40

Titel	Adviseur constructies	Ontwerp - oplevering
Mercator fase 1, Katholieke	**Bouwtechnisch adviesbureau**	**1994 - 1998**
Universiteitsterrein, Nijmegen	**J.L. Croes b.v., Nijmegen**	Netto vloeroppervlak
Architect	Adviseur installatie/bouwtechniek	**ca. 5.400 m²**
Architectenbureau Paul de Ruiter B.V.,	**Raadgevend technies adviesburo Van**	Netto inhoud
Amsterdam	**Heugten b.v., Nijmegen**	**18.900 m³**
Opdrachtgever	Adviseur bouwfysica	
Mercator Technology & Science Park	**DGMR raadgevende ingenieurs b.v.,**	
Nijmegen B.V., Nijmegen	**Arnhem**	

1

2

Nijmegen wil zich graag profileren als kennisstad. Er is een universiteit, maar de meeste studenten verlaten de stad weer na hun studie. Om deze tendens tegen te gaan, worden vestigingsmogelijkheden van kleine, hoogwaardige bedrijven verbeterd. Zo is vlak naast de universiteit het Mercator Science & Technologypark gebouwd. De gebouwen op dit terrein dienen het hoge kennisniveau van de bedrijven uit te stralen.

Paul de Ruiter ontwierp een gebouw dat uit twee gestapelde dozen bestaat. De sokkel is afgewerkt met gelakt western red cedar, de bovenbouw is volledig transparant. Het budget bleek echter niet toereikend om dit idee te realiseren. De Ruiter ontwikkelde daarom samen met Pierre Leyendeckers een vereenvoudigde versie van de klimaatgevel, waarbij de binnenste glasplaat is vervangen door wit, enigszins transparant doek. Niet alleen wordt er met dit doek een spouw gecreëerd, maar het houdt ook het zonlicht tegen.

Door het doek wordt bovendien veel meer lucht afgezogen dan door de spleten van een normale klimaatgevel. In die zin werkt het vereenvoudigde systeem beter dan de 'traditionele' klimaatgevel, al vereist het wel een hogere toevoer van verse lucht en dus een klimaatinstallatie met een hogere capaciteit. Voor dit laatste was geen extra investering noodzakelijk, omdat in het gebouw zowel kantoren als laboratoria zijn gevestigd en in laboratoria wordt een overdruk geëist.

1
2
3
4
5
6

4 / Doorsnede gevel.

1   Kliklijst
2   Isolatieglas
3   Zonwerend doek
4   Verwarmingselement
5   Kabelgoot
6   Systeemplafond

Duurzame architectuur: meer dan getallen / Sustainable architecture: more than numbers –
Glazen buffers / Glazed thermal buffers – Slimme gebouwen / Smart buildings –
Gebouwen als energieopwekkers / Buildings as energy generators –
Spannende, compacte steden / Exciting, compact cities

Architect / Architect

2 / 41

Architectenbureau Paul de Ruiter

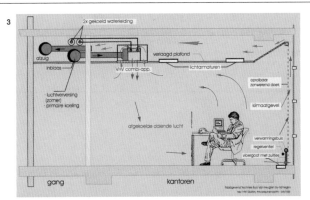

1 / De opdrachtgever wilde een gebouw met een technische uitstraling. Paul de Ruiter zette daarom een volledig transparante doos op een gesloten, houten sokkel.

2 / Het binnenklimaat wordt beheerst met een klimaatgevel waarvan de binnenste glasplaat is vervangen door doek. Behalve dat de doeken de noodzakelijke spouw vormen, houden zij ook het zonlicht tegen.

3 / Principe installaties.

Duurzame architectuur / Sustainable architecture
Voorwoord / Preface
Inleiding / Introduction
Verantwoording / Credits

Project / Project

2 / 42

2.4 Götz-hoofdkantoor, Würzburg (D)

Titel	Adviseur constructies	Ontwerp - oplevering
Götz hoofdkantoor, Würzburg	**Ingenieurbüro Rudi Wolff, Stuttgart**	**1993 - 1995**
Architect	Adviseur installatie/bouwtechniek	Netto vloeroppervlak
Webler + Geissler Architekten BDA, Stuttgart	**Loren Butt, Londen**	**2.450 m²**
Opdrachtgever	**IGP Markus Püttmer, Heidelberg**	Netto inhoud
Götz GmbH, Metall-u. Anlagenbau, Würzburg	Adviseur bouwfysica	**16.500 m³**
	IGP Markus Püttmer, Heidelberg	

1 / Het Götz-hoofdkantoor is voorzien van elektronica die op de intelligente wijze inspeelt op het buitenklimaat. Het dak van het atrium, de louvres en de ventilatoren worden onder meer door het gebouwbeheerssysteem aangestuurd.

1

Het compacte gebouw van veertig bij veertig meter telt twee verdiepingen met een open plattegrond. Alleen op de begane grond zijn enkele kantoorcellen aangebracht. De scheidingswanden van deze cellen zijn van glas, zodat het open karakter niet wordt verstoord. In het midden ligt een atrium, dat niet alleen functioneert als ontmoetingsplek, maar ook als klimatiseringsruimte: de bomen verrijken de lucht met zuurstof en 'zweten'. De vijver verhoogt de luchtvochtigheid in het gebouw en verlaagt daarmee de temperatuur. Wordt het ondanks alle maatregelen te warm dan kan het dak van het atrium worden opengeschoven, zowel overdag als 's avonds (nachtventilatie). Het dak wordt aangestuurd door een gebouwbeheerssysteem dat gebruik maakt van een computer die wordt gestuurd door *fuzzy logic* en van een elektronisch kennissysteem. Het laatste zorgt ervoor dat het gebouw door het verzamelen van data - het gebouw is uitgerust met 250 sensoren - intelligenter wordt en kan inspelen op klimaatomstandigheden. *Fuzzy logic* weet op bijna menselijke wijze al de gegevens, die soms tegenstrijdige actie behoeven, te interpreteren. Behalve het dak stuurt de computer tevens de dubbele louvres in de spouw aan, evenals de ventilatieopeningen beneden en boven in de dubbele huid, de ventilatoren in de spouw, de verlichting, de verwarming en de koeling. Overigens kunnen de gebruikers ook zelf ingrijpen in het binnenklimaat.

Duurzame architectuur: meer dan getallen / Sustainable architecture: more than numbers –
Glazen buffers / Glazed thermal buffers – Slimme gebouwen / Smart buildings –
Gebouwen als energieopwekkers / Buildings as energy generators –
Spannende, compacte steden / Exciting, compact cities

Architect / Architect

Webler + Geissler Architekten

2 / 43

2 / In de spouw zijn ventilatoren aangebracht die
in de winter de warme lucht van de zuidgevel verplaatsen naar de koude noordgevel.

Duurzame architectuur / Sustainable architecture
Voorwoord / Preface
Inleiding / Introduction
Verantwoording / Credits

Project / Project
Götz-hoofdkantoor, Würzburg

2 / 44

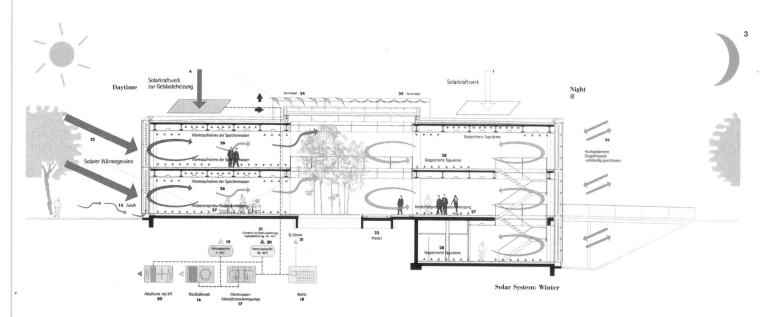

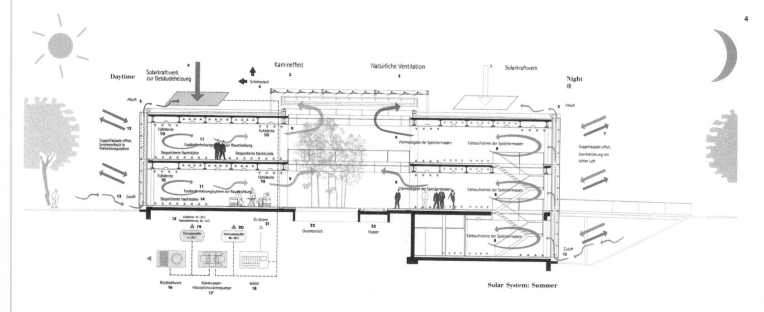

3 en 4 / Principe klimaatbeheersing.

1 Zonnepanelen	9 Afvoer warme, gebruikte lucht	18 BHKW	27 Vloerverwarming
2 Natuurlijke ventilatie	10 Koelunit	19 Koudwaterbassin	28 Opname warmte door gebouwmassa
3 Schoorsteeneffect	11 Vloerkoeling	20 Warmwaterbassin	29 Luchtbuffer in de spouw
4 Opwekken zonne-energie voor	12 Louvres	21 Generator	30 Ventilator
verwarming	13 Luchtinlaat	22 Beplanting atrium	31 Vloerverwarming
5 Afvoer lucht uit spouw	14 Nachtventilatie	23 Vijver	
6 Te openen atriumdak	15 Koeling/Vloerverwarming	24 Zonneschermen atriumdak	
7 Koude luchtstroom in de spouw	16 Koelmachine	25 Opwarming gebouw door zonlicht	
8 Koeling lucht door middel van de massa	17 Warmtepomp	26 Opwarming lucht door middel van de massa	

Duurzame architectuur: meer dan getallen / Sustainable architecture: more than numbers –
Glazen buffers / Glazed thermal buffers – Slimme gebouwen / Smart buildings –
Gebouwen als energieopwekkers / Buildings as energy generators –
Spannende, compacte steden / Exciting, compact cities

Architect / Architect
Webler + Geissler Architekten

2 / 45

5 / De vijver en de planten in het atrium verhogen
de luchtvochtigheid en dragen daardoor bij aan
het prettige binnenklimaat.

Duurzame architectuur / Sustainable architecture
Voorwoord/Preface/Contents
Voorwoord/Introduction
Inhoudsopgave/Credits

Project / Project

2 / 46

2.5 **Hoofdkantoor Commerzbank, Frankfurt (D)**

Titel	Adviseur constructies	Adviseur bouwfysica
Hoofdkantoor Commerzbank, Frankfurt	**Ove Arup & Partner, Londen** **Krebs und Kiefer, Darmstadt**	**Ingenieur Büro Schalm (IBS), München**
Architect	Adviseur installatie/bouwtechniek	Ontwerp - oplevering
Sir Norman Foster and Partners, Londen	**J. Roger Preston, Maidenhead Berkshire; Petterson und Arends,**	**1994 - 1997**
Opdrachtgever	**Ober-Mörlen; Schad & Hölzel,**	Bruto vloeroppervlak
Commerzbank AG, Frankfurt	**Nauheim; Japsen und Strangier, Oberwessel**	**120.736 m²**

1

1 / Vooral door het aanbrengen van negen, vier verdiepingen hoge binnentuinen werd de toren de hoogste in Europa.

2 / Via het atrium en de binnentuinen bereikt verse lucht de kantoren aan het atrium.

3 / Typische plattegrond.

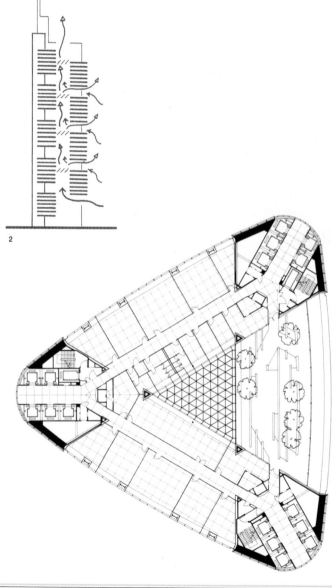

2

3

Duurzame architectuur: meer dan getallen / Sustainable architecture: more than numbers –
Glazen buffers / Glazed thermal buffers – Slimme gebouwen / Smart buildings –
Gebouwen als energieopwekkers / Buildings as energy generators –
Spannende, compacte steden / Exciting, compact cities

Architect / Architect

2 / 47

Foster and Partners

Duurzame architectuur / Sustainable architecture
Voorwoord / Preface
Inleiding / Introduction
Verantwoording / Credits

Project / Project
Hoofdkantoor Commerzbank, Frankfurt

2 / 48

Met haar nieuwe hoofdkantoor wilde de Commerzbank zich vooral een 'groen' imago aanmeten. Hoog hoefde het oorspronkelijk niet te worden, maar door het ecologische concept van Norman Foster werd de toren desalniettemin bijna driehonderd meter en de hoogste toren van Europa.
Belangrijk in het concept zijn de verdiepingshoge ramen met een dubbele huid. Hierdoor kunnen de gebruikers hun ramen openen, wat door de hoge windsnelheden normaal gesproken onmogelijk is in dit soort gebouwen. Als de windsnelheid toch te hoog wordt of de temperatuur te laag, sluit het gebouwbeheerssysteem de ramen en worden de kamers mechanisch geventileerd.
In de toren zijn spiraalsgewijs vier verdiepingen hoge wintertuinen geplaatst. Via deze tuinen komt er verse lucht in het centrale atrium, waarmee de aan deze ruimte gelegen kantoren op natuurlijke wijze worden geventileerd. Ook de gevels van de wintertuinen kunnen worden geopend en gesloten. De oriëntatie van de wintertuinen is bepalend geweest voor de plantenselectie. De planten verrijken de lucht in beperkte mate met zuurstof, maar zij zijn vooral belangrijk voor de beleving van het gebouw; de tuin is de eerste laag waarop de gebruikers uitkijken, daarachter ligt de stad. Er is zo een prachtige perspectief aangebracht.

Duurzame architectuur: meer dan getallen / Sustainable architecture: more than numbers –
Glazen buffers / Glazed thermal buffers – Slimme gebouwen / Smart buildings –
Gebouwen als energieopwekkers / Buildings as energy generators –
Spannende, compacte steden / Exciting, compact cities

Architect / Architect
Foster and Partners

2 / 49

4 / De plantenselectie was afhankelijk van de
oriëntatie. Deze olijfbomen groeien in de tuinen
op het zuiden.

5 / Klimaatbeheersing kantoren.

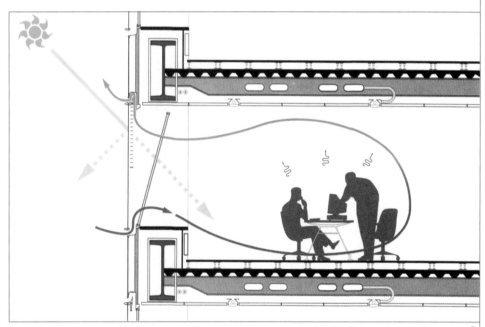

4

5

Duurzame architectuur / Sustainable architecture
Voorwoord / Preface
Inleiding / Introduction
Verantwoording / Credits

Project / Project

2.6 **Stadttor, Düsseldorf (D)**

2 / 50

Titel	Adviseur constructies	Ontwerp - oplevering
Das Düsseldorfer Stadttor	**Stahlbau Lavis, Aschaffenburg;**	**1987 - 1998**
Architect	**Ove Arup und Partner, Londen**	Netto vloeroppervlak
Petzinka, Pink und Partner, Düsseldorf	Adviseur installatie/bouwtechniek	**30.119 m²**
Opdrachtgever	**Drees & Sommer AG, Stuttgart**	Netto inhoud
G.b.R. Düsseldorfer Stadttor mbH,	Adviseur bouwfysica	**103.547 m³**
Düsseldorf	**Drees & Sommer AG, Stuttgart**	

1

Düsseldorf ligt middenin het Ruhrgebied en ondervindt net als de rest van dit gebied een economische terugslag door het verdwijnen van de zware industrie. Door middel van architectonische hoogstandjes probeert men onder meer de oude haven van Düsseldorf om te toveren tot een aantrekkelijk woon- en werkklimaat. De Stadttor is gebouwd over de zuidelijke tunnelmond van de Rheinuferstrasse, een belangrijke doorgaansroute, en markeert de entree tot dit gebied. De Stadttor bestaat uit twee torens van tachtig meter hoog, waarvan de bovenste drie verdiepingen met elkaar zijn verbonden. Tussen de twee torens is daardoor een 58 meter hoog atrium ontstaan met ijl gedetailleerde, hangende glasgevels. Ook de gevels van de kantoren bestaan vrijwel volledig uit in eenvoudige houten kozijnen gevat glas. Het gebruik van dit materiaal verzacht het gebouw. Vóór deze gevels is een tweede, structureel glazen huid aangebracht, die het enorme verkeerslawaai van de auto's tegenhoudt en die natuurlijke ventilatie mogelijk maakt. Afhankelijk van de windsnelheid stellen de schoepen in de beluchtingskast zich dusdanig in, dat de kantoren vrijwel het gehele jaar van verse buitenlucht kunnen worden voorzien. De Stadttor wordt gekoeld met behulp van koud grondwater; de koelplafonds kunnen door de bewoners zelf worden bediend.

Duurzame architectuur: meer dan getallen / Sustainable architecture: more than numbers –
Glazen buffers / Glazed thermal buffers – Slimme gebouwen / Smart buildings –
Gebouwen als energieopwekkers / Buildings as energy generators –
Spannende, compacte steden / Exciting, compact cities

Architect / Architect

2 / 51

Petzinka, Pink und Partner

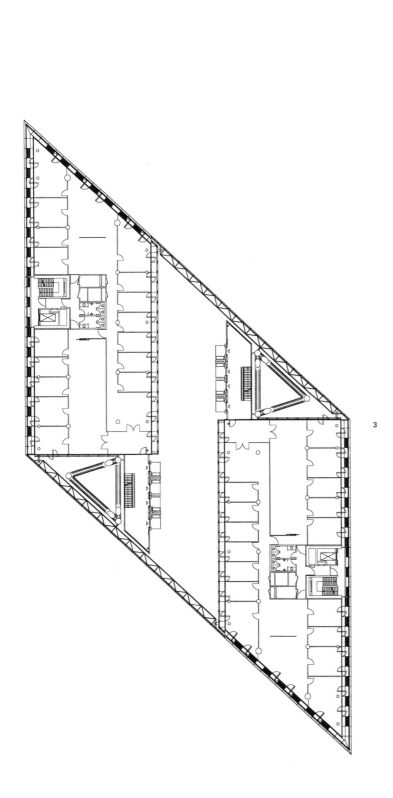

1 / Voor het atrium is een hangende, zeer slank
gedimensioneerde glasgevel ontwikkeld.

2 / De Stadttor bestaat uit twee torens. Door de
bovenste drie verdiepingen met elkaar te verbinden is een atrium ontstaan.

3 / Plattegrond.

Duurzame architectuur / Sustainable architecture
Voorwoord / Preface
Inleiding / Introduction
Verantwoording / Credits

Project / Project
Stadttor, Düsseldorf

2 / 52

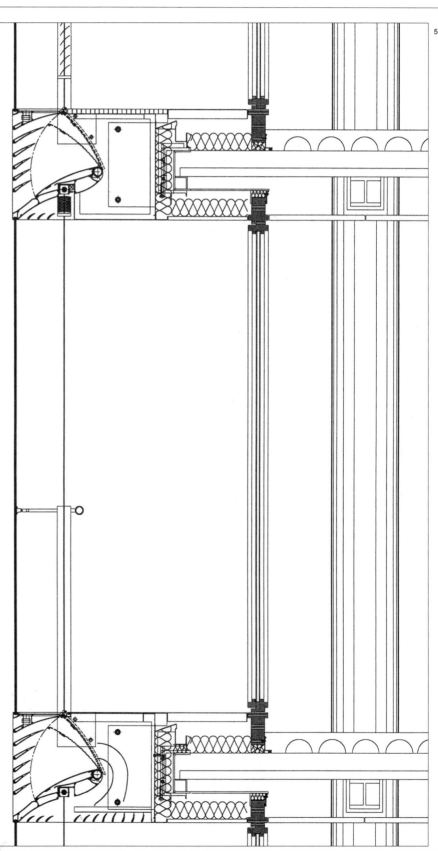

4 / De houten kantoorpuien geven het gebouw
een vriendelijk karakter.

5 / Doorsnede gevel. In de gevel zijn schoepen
opgenomen die de windsnelheid temperen en
daardoor vrijwel het hele jaar natuurlijke ventilatie mogelijk maken.

6 / Interieur atrium.

Duurzame architectuur: meer dan getallen / Sustainable architecture: more than numbers –
Glazen buffers / Glazed thermal buffers – Slimme gebouwen / Smart buildings –
Gebouwen als energieopwekkers / Buildings as energy generators –
Spannende, compacte steden / Exciting, compact cities

Architect / Architect
Petzinka, Pink und Partner

2 / **53**

Duurzame architectuur / Sustainable architecture
Voorwoord / Preface
Inleiding / Introduction
Verantwoording / Credits

Project / Project

2 / 54

2.7 25kV-gebouw, Rotterdam (NL)

Titel	Adviseur constructies	Ontwerp - oplevering
Revitalisering 25 kV-gebouw, Rotterdam	**D3BN, Rotterdam**	**1997 - 1999**
Architect	Adviseur installatie/bouwtechniek	Netto vloeroppervlak
Robert Winkel Architecten, Rotterdam	**Bureau Bouwkunde, Rotterdam**	**6.000 m²**
Opdrachtgever	Adviseur bouwfysica	Netto inhoud
Ontwikkelingsbedrijf, Rotterdam	**DGMR, Arnhem**	**18.000 m³**

1

2

1 / De nieuwe glazen huid gereflecteerd door de zomerzon.

2 / In de cabines zijn pantry's en toiletten ondergebracht. Zij fungeren ook als *brise-soleils*.

3 / De oorspronkelijke gevel van het Schakelstation wordt vervangen door een gelaagde huid die uit een gang, semi-transparante cabines en een buitenhuid bestaat.

4 / Schema warmtetransport.

5 / Schema van de rookafvoer (links) en de schematisch weergave van de brandwerendheidseis. Door de sprinklerinstallatie wordt de vloeigrens van het staal niet bereikt.

Duurzame architectuur: meer dan getallen / Sustainable architecture: more than numbers –
Glazen buffers / Glazed thermal buffers – Slimme gebouwen / Smart buildings –
Gebouwen als energieopwekkers / Buildings as energy generators –
Spannende, compacte steden / Exciting, compact cities

Architect / Architect

2 / 55

Robert Winkel Architecten

3

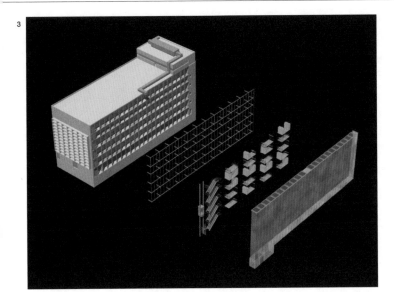

4

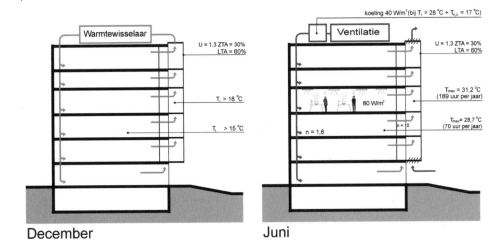

December   Juni

5

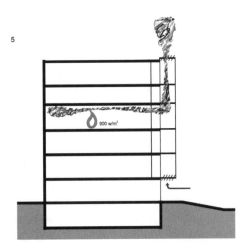

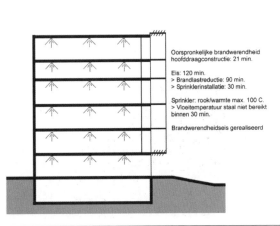

Het voormalige 25 kV schakelstation wordt verbouwd tot een verzamelgebouw voor bedrijven die zich met nieuwe media bezig houden. Robert Winkel wil de oorspronkelijke industriële sfeer van het gebouw handhaven en tegelijkertijd de ultramoderne techniek van de gebruikers etaleren. De robuuste staalconstructie van het gebouw en de zware betonnen vloeren van de verdiepingen laat hij derhalve in het zicht. De oorspronkelijke voorgevel van het gebouw vervangt hij daarentegen door een drie en een halve meter brede dubbelehuidgevel. In de ruimte tussen de eerste huid, de verlijmde glazen buitengevel, en de tweede huid, de gevel van de kantoren, bevinden zich de vide en de gang. Semi-transparante cabines overspannen de vide en de gang. Deze cabines hebben drie functies. Allereerst zijn er toiletten en pantry's in ondergebracht en dienen zij zo als ontmoetingsruimte. Verder dempen de cabines de nagalmtijd, doordat ze deels zijn bekleed met geperforeerd staalplaat waarachter steenwol is aangebracht. Ten slotte functioneren zij als eigentijdse brise-soleils.

Bij een dubbelehuidgevel die niet gecompartimenteerd is, bestaat het gevaar dat bij brand, de rook zich via de luchtspouw door het gehele gebouw verspreidt. In de gangzone van het 25 kV-gebouw zijn daarom schotten aangebracht die de rook vanuit de kantoorvertrekken naar de vide geleiden. Tevens moeten zij voorkomen dat de rook de verdiepingen binnendringt. Berekeningen hebben aangetoond dat de temperatuur van de rook dusdanig hoog zal zijn, dat zij snel zal opstijgen en ze de vide aan de bovenzijde zal verlaten.

Duurzame architectuur / Sustainable architecture
Voorwoord / Preface
Inleiding / Introduction
Verantwoording / Credits

Project / Project

2.8 **ING-hoofdkantoor, Amsterdam (NL)**

2 / 56

Titel	Adviseur constructies	Ontwerp - oplevering
Hoofdkantoor ING Groep NV, Amsterdam	**Aronsohn raadgevende ingenieurs bv, Rotterdam**	**1998 - 2001**
Architect	Adviseur installatie/bouwtechniek	Netto vloeroppervlak
Meyer en Van Schooten Architecten BV, Amsterdam	**Raadgevend Technies Buro Van Heugten bv, Nijmegen**	**ca. 17.000 m²**
Opdrachtgever	Adviseur bouwfysica	
Ontwikkelingscombinatie ING Blauwhoed v.o.f., Rotterdam	**Raadgevend Technies Buro Van Heugten bv, Nijmegen**	

Nederlandse banken etaleren graag hun betrouwbaarheid. Dat doen zij het liefst in massieve gebouwen, die uitstralen dat het geld veilig is opgeborgen. Hoewel geld tegenwoordig alleen virtueel van plaats verandert, blijven nieuwe bankgebouwen gesloten objecten. Voor het nieuwe hoofdkantoor van de ING-groep in Amsterdam hebben Roberto Meyer en Jeroen van Schooten echter juist voor een transparant gebouw gekozen. In hun visie wekt openheid het vertrouwen van de consument.

De wonderlijke vorm volgt uit de stedenbouwkundige omstandigheden: het schuin oplopende volume zorgt voor een geleidelijke overgang tussen de landelijke omgeving en de stad. Het gebouw staat op V-vormige kolommen, omdat de architecten willen dat de automobilisten op de A-10 onder het gebouw door kunnen kijken.

De enorme geluidsbelasting was een van de redenen dat Meyer en Van Schooten voor een dubbelehuidgevel hebben gekozen. Door dit extra scherm kunnen de gebruikers aan de noordkant van het gebouw toch hun ramen openen. Om de stank van het verkeer buiten het gebouw te houden, wordt verse lucht aan de andere kant van het gebouw binnengelaten. Er wordt zonne-energie gebruikt om de lucht op de juiste temperatuur te brengen. Tevens is het gebouw voorzien van airconditioning voor het geval dat de weersomstandigheden natuurlijke ventilatie niet toelaten. Voor de verwarming en koeling gaat het gebouw gebruik maken van een aquifer, voor warmte- en koudeopslag, gecombineerd met warmtepompen.

De architecten hebben niet uitsluitend gestreefd naar een gebouw dat energiezuinig is en een opvallende verschijningsvorm heeft, maar ook naar een gebouw waar het prettig toeven is. Zij hebben daarom veel binnen- en buitentuinen in het gebouw opgenomen. Verder zijn er winkels en een restaurant, waardoor de secundaire wandelroutes langs een groot aantal verschillende ruimtes met steeds een andere sfeer leiden. De kantoorverdiepingen zijn dusdanig ontworpen dat alle mogelijke kantoorvormen er in gerealiseerd kunnen worden.

Duurzame architectuur: meer dan getallen / Sustainable architecture: more than numbers –
Glazen buffers / Glazed thermal buffers – Slimme gebouwen / Smart buildings –
Gebouwen als energieopwekkers / Buildings as energy generators –
Spannende, compacte steden / Exciting, compact cities

Architect / Architect
Meyer en Van Schooten Architecten

2 / 57

1 / In het gebouw zijn veel 'lege' plekken zoals
dakterrassen, binnen- en buitentuinen. De
secundaire route in de glazen gevel leidt langs
deze ruimtes.

Duurzame architectuur / Sustainable architecture
Voorwoord / Preface
Inleiding / Introduction
Verantwoording / Credits

Project / Project
ING-hoofdkantoor, Amsterdam

2 / 58

2

3

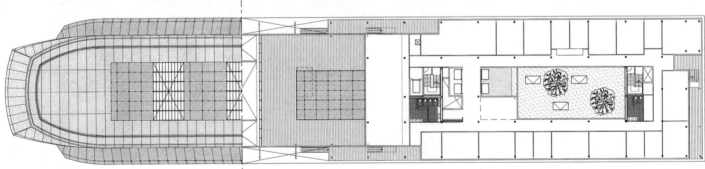

2 / De ING-bank eiste dat het nieuwe hoofdkantoor een belangrijk deel van het jaar natuurlijk geventileerd kon worden. Gecombineerd met de ligging vlak naast een drukke snelweg maakte dit een dubbelehuidgevel noodzakelijk.

3 / Plattegrond met een van de binnentuinen.

4 / Plattegrond met links het auditorium.

Duurzame architectuur: meer dan getallen / Sustainable architecture: more than numbers –
Glazen buffers / Glazed thermal buffers – Slimme gebouwen / Smart buildings –
Gebouwen als energieopwekkers / Buildings as energy generators –
Spannende, compacte steden / Exciting, compact cities

Architect / Architect
Meyer en Van Schooten Architecten

2 / 59

5 / Principe klimaatbeheersing.

1 Rookkleppen
2 Verdiepingshoge, automatische zonwering. Zorgt ook voor reflectie van daglicht in de ruimtes
3 Automatische kleppen in het buitenblad
4 Enkele huid
5 Handbediende ramen
6 Thermische lijn, isolerende beglazing
7 Fotocellen die de lichtdimmers regelen
8 Frisse lucht
9 Warmteterugwinning
10 Luchtuitlaat
11 Automatische afsluitklep
12 Multi-service-unit (verwarmen, koelen, frisse lucht, licht, sprinklerinstallatie)
13 Enkel glas
14 Thermische lijn, isolerende beglazing
15 Rookschacht
16 Automatische kleppen
17 Kanalen naar atrium vanuit kantoren

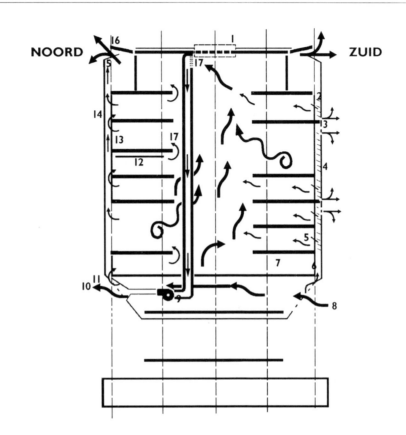

4

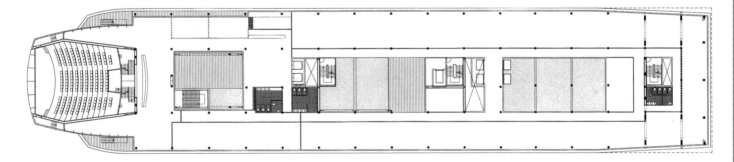

Duurzame architectuur / Sustainable architecture
Voorwoord / Preface
Inleiding / Introduction
Verantwoording / Credits

Project / Project

2.9 **Debisgebouw, Berlijn (D)**

2 / 60

Titel	Adviseur constructies	Ontwerp - oplevering
Debis gebouw, Berlijn	**Weiske & Partner**	**1992 - 1998**
Architect	Adviseur bouwfysica	
Renzo Piano Buildong Workshop, Genua	**Müller BBM**	
Opdrachtgever		
Daimler-Benz AG , Berlijn		

In de jaren dertig was de Potsdamer Platz hét uitgaansgebied van Duitsland, maar na de Tweede Wereldoorlog en de opsplitsing van Berlijn werd het een vergeten stuk stad. Nu, na de hereniging van Oost- en West-Duitsland, wordt dit deel van Berlijn herontwikkeld.

Renzo Piano won in 1992 de stedenbouwkundige prijsvraag voor de Potsdamer Platz. Het eveneens door Piano ontworpen Debisgebouw werd als eerste gerealiseerd. Het bestaat uit een 85 meter hoge toren en een veel lager volume met een atrium, dat kan worden gezien als Piano's vertaling van het traditionele Berlijnse bouwblok.

De toren is in tegenstelling tot de andere gebouwen in deze wijk niet met terracotta bekleed maar vrijwel transparant. Piano heeft hiervoor een dubbele huid ontwikkeld waarvan de buitenste laag uit lamellen bestaat. Zolang de weersomstandigheden het toelaten, kunnen de gebruikers de stand van de lamellen - en daarmee de hoeveelheid verse lucht die binnenkomt - zelf bepalen. De binnengevel bestaat uit twee draaikiepramen. De spouw is per verdieping gecompartimenteerd.

Het lage bouwvolume heeft eveneens een dubbele huid. Hiervan is het binnenblad echter wel bekleed met terracotta-elementen en van de glazen buitenhuid kunnen alleen de bovenste en onderste lamel worden geopend.

1

Duurzame architectuur: meer dan getallen / Sustainable architecture: more than numbers –
Glazen buffers / Glazed thermal buffers – Slimme gebouwen / Smart buildings –
Gebouwen als energieopwekkers / Buildings as energy generators –
Spannende, compacte steden / Exciting, compact cities

Architect / Architect

2 / 61

Renzo Piano Building Workshop

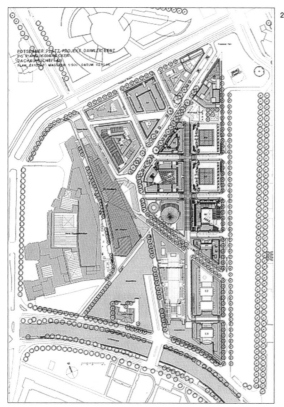

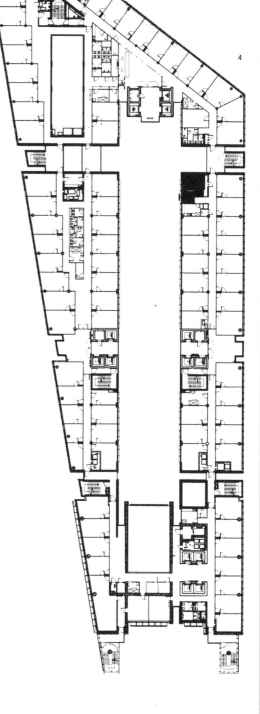

1 / De gevel van de toren is vrijwel volledig transparant. Om dit mogelijk te maken ontwikkelde
Piano een gevelsysteem waarvan de buitenste
huid opgebouwd is uit glazen lamellen.

2 / Stedenbouwkundig plan Potsdamer Platz.

3 / Het Debisgebouw op de Potsdamer Platz
bestaat uit een 85 meter hoge toren en een
gesloten bouwblok.

4 / Plattegrond.

Duurzame architectuur / Sustainable architecture
Voorwoord / Preface
Inleiding / Introduction
Verantwoording / Credits

Project / Project
Debisgebouw, Berlijn

2 / 62

Duurzame architectuur: meer dan getallen / Sustainable architecture: more than numbers –
Glazen buffers / Glazed thermal buffers – Slimme gebouwen / Smart buildings –
Gebouwen als energieopwekkers / Buildings as energy generators –
Spannende, compacte steden / Exciting, compact cities

Architect / Architect
Renzo Piano Building Workshop

2 / 63

5 / Detail van het glazen trappenhuis en de kantoorgevel van de toren.

6 / Doorsnede gevel.

1   Draaikiepraam
2   Glaslamellen
3   Draaikiepraam
4   Zonwering
5   Doorvalbeveiliging bekleed met terracotta
6   Brandwerende panelen
7   Terracotta gevelpaneel
8   Roestvast stalen rooster
9   Veiligheidsglas
10   Vast glaspaneel

7 / In het dak van het atrium zijn reflecterende glazen panelen opgehangen die opwarming moeten voorkomen. De panelen tegen de kantoorgevels zorgen ervoor dat daglicht de kantoren ingekaatst wordt.

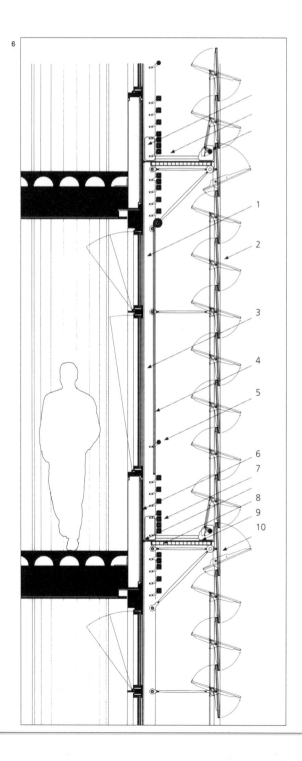

6

1
2
3
4
5
6
7
8
9
10

7

Duurzame architectuur / Sustainable architecture
Voorwoord / Preface
Inleiding / Introduction
Verantwoording / Credits

Project / Project

2 / 64

2.10 **Renovatie Rijkskantoorgebouw Westraven, Utrecht (NL)**

Titel	Adviseur constructies	Ontwerp - oplevering
Renovatie Rijkskantoorgebouw Westraven, Utrecht	**Rijksgebouwendienst Directie Ontwerp & Techniek, Den Haag**	**1998 - 2001**
Architect	Adviseur installatie/bouwtechniek	Bruto vloeroppervlak
Drexhage Kingma en Roorda architecten BNA, Rotterdam	**Rijksgebouwendienst Directie Ontwerp & Techniek, Den Haag**	**34.655 m²**
Opdrachtgever	Adviseur bouwfysica	Bruto inhoud
Rijksgebouwendienst Directie Noord-West, Haarlem	**W/E adviseurs duurzaam bouwen, Gouda**	**121.300 m²**

1

Westraven kan als prototype van het slechte kantoorgebouw worden gezien. Net 25 jaar na oplevering voldoet het absoluut niet meer. Sloop is een goede optie, maar de politiek (en daarmee de Rijksgebouwendienst) opteert juist voor hergebruik. De architecten Klaas Kingma en Ruurd Roorda kregen daarom de opdracht het gebouw zo te transformeren, dat het nog minstens vijftien jaar meekan.

Kingma en Roorda geven het gebouw in hun ontwerp een hybride ventilatiesysteem, waarmee vrijwel alle ruimtes natuurlijk kunnen worden geventileerd. Om dit mogelijk te maken, is gekozen voor een dubbelehuidgevel. In de binnengevel zijn automatisch regulerende buitenluchtroosters aangebracht, die onder alle weersomstandigheden voor de juiste hoeveelheid lucht in de kantoren zorgen. Inpandige kamers en ruimtes met eisen of eigenschappen die geen natuurlijke ventilatie toestaan, worden mechanisch geventileerd. Voor de koeling zal water uit het Amsterdam-Rijnkanaal door een warmtewisselaar worden geleid. Het grootste deel van het koelseizoen is dit water koud genoeg voor een hogetemperatuur-koelsysteem, zoals plafondkoelconvectoren of koelplafonds. Wordt het water te warm, dan zal er een compressiekoelmachine worden ingeschakeld. Om warmte op te wekken, wordt gedacht aan warmte-krachtkoppeling of warmtepompen en er zullen zeker fotovoltaïsche cellen in de gevel worden geïntegreerd.

Kingma en Roorda willen niet alleen het comfort verhogen en het energieverbruik verlagen, maar willen dit kantoorgebouw tevens een plattegrond geven, die zowel statische als dynamische kantoormodellen mogelijk maakt. Verder zijn er een aantal vides in het gebouw aangebracht, waardoor *short cuts* ontstaan tussen de verschillende verdiepingen en het daglicht dieper het gebouw kan binnendringen. Dit zullen prettige, 'lege' ruimtes worden.

Duurzame architectuur: meer dan getallen / Sustainable architecture: more than numbers –
Glazen buffers / Glazed thermal buffers – Slimme gebouwen / Smart buildings –
Gebouwen als energieopwekkers / Buildings as energy generators –
Spannende, compacte steden / Exciting, compact cities

Architect / Architect

2 / 65

Drexhage Kingma en Roorda architecten

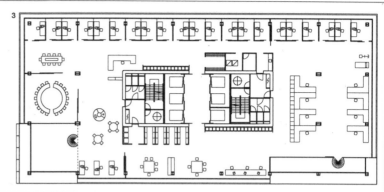

3

2

thermal mass

exhaust air

radiative ceiling
(heating + cooling)

UHR glass

lightshelf

second skin
facade

daylight controlled
lighting

white
ceiling

reflective
ceiling

daylight
lamellas

convector

wind pressure
controlled vent

reflective
glass

1 / De gevel van het uit de jaren zeventig stam-
mende gebouw Westraven wordt vervangen door
een dubbelehuidgevel.

2 / Principe dubbelehuidgevel en daglichttoetreding.

3 / Typische plattegrond.

4 / Maquette van drie verdiepingen.

4

Duurzame architectuur / Sustainable architecture
Voorwoord / Preface
Inleiding / Introduction
Verantwoording / Credits

Project / Project

2 / 66

2.11 Bibliotheek annex cultuurcentrum, Herten (D)

Titel	Adviseur constructies	Ontwerp - oplevering
Bibliotheek annex cultuurcentrum, Herten	**Planungsgesellschaft Dittrich mbH, München**	**1988 - 1994**
Architect	Adviseur installatie/bouwtechniek	Netto vloeroppervlak
LOG ID, Tübingen	**PIV, Hesslinger + Baumgärtner, Stuttgart**	**3.901 m²**
Opdrachtgever	Adviseur bouwfysica	Netto inhoud
Gemeente Herten	**Ingenieur-Büro Dr. Schäcke und Bayer GmbH, Waiblingen**	**23.764 m³**

Om groene-zonne-architectuur te kunnen realiseren, plaatst het Duitse architectenbureau LOG ID altijd serres op het zuiden. Alleen dan komt er voldoende zonnewarmte binnen voor de subtropische planten en wordt er 's winters optimaal van het binnenvallende zonlicht geprofiteerd.

Als een gebouw moet worden ingepast in een stedelijk weefsel, zoals dat het geval is bij de bibliotheek en het cultuurcentrum in Herten, is dit niet altijd mogelijk. Architect Dieter Schempp plaatste daarom op het gebouwvolume een aan alle kanten uitkragende luchtcollector. Deze functioneert als een soort warmtewisselaar, die de in te blazen lucht opwarmt. Voor een deel is deze lucht afkomstig uit het gebouw: alle verbruikte lucht - behalve die uit de toiletten en de keuken - komt via een glazen rotonde in de ruimte tussen het glazen dak en het gebouw terecht. De subtropische planten in de rotonde filteren vervolgens de lucht en verrijken haar met zuurstof. Is er in het gebouw geen warmte nodig, dan verdwijnt de vervuilde lucht via een *bypass* uit het gebouw. De luchtcollector functioneert in dat geval als buffer en houdt een belangrijk deel van de zonnewarmte tegen. Tussen de glazen overkapping en het dak zijn tevens zonnecollectoren geplaatst die voor warm water zorgen. De glazen rotonde dient behalve als ontmoetingsplek ook als ruimte voor concerten. Opvallend is dat er in deze glazen hal nauwelijks akoestisch materiaal is aangebracht. De beplanting blijkt veel van het geluid te absorberen. In het massieve deel van het complex is de bibliotheek ondergebracht.

1

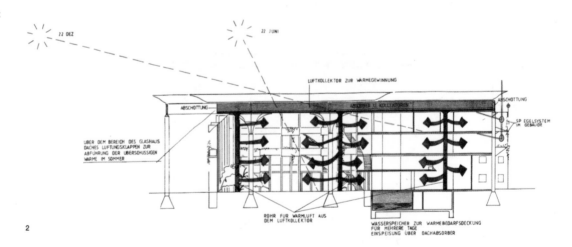

2

1 / Om groene-zonne-architectuur mogelijk te maken plaatste LOG ID op het dak van het Cultuurcentrum ver uitstekende glazen buffers.

2 / Principe van de luchtcollector op het dak waarin warme lucht verzameld wordt. Deze lucht is deels afkomstig uit het gebouw zelf en wordt door de planten in de rotonde gezuiverd.

3 / In de rotonde worden concerten gegeven. De beplanting zorgt voor het dempen van de nagalm.

Duurzame architectuur: meer dan getallen / Sustainable architecture: more than numbers –
Glazen buffers / Glazed thermal buffers – Slimme gebouwen / Smart buildings –
Gebouwen als energieopwekkers / Buildings as energy generators –
Spannende, compacte steden / Exciting, compact cities

Architect / Architect

LOG ID

2 / **67**

Duurzame architectuur / Sustainable architecture
Voorwoord / Preface
Inleiding / Introduction
Verantwoording / Credits

Project / Project

2 / 68

2.12 Centre for Human Drugs Research, Leiden (NL)

Titel	Adviseur constructies	Ontwerp - oplevering
Centrum voor Humaan	**ECCS b.v., Hoofddorp**	**1990 - 1995**
Geneesmiddelen Onderzoek, Leiden	Adviseur installatie/bouwtechniek	Bruto vloeroppervlak
Architect	**Raadgevend Ingenieursbureau**	**1.313 m²**
Architectenburo CEPEZED b.v., Delft	**Boonstoppel b.v., Nijmegen**	Bruto inhoud
Opdrachtgever	Adviseur bouwfysica	**4.520 m³**
Centrum voor Humaan	**Raadgevend Ingenieursbureau**	
Geneesmiddelen Onderzoek, Leiden	**Boonstoppel b.v., Nijmegen**	

1 / Het Centre for Human Drugs Research is een licht, stalen gebouw. Door het gebrek aan massa reageert het gebouw direct op het buitenklimaat.

2 / Begane grond.

3 / Eerste verdieping.

4 / De perforatie in de schermen hindert het uitzicht nauwelijks.

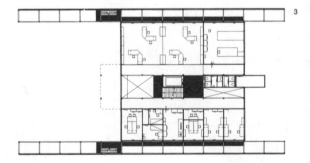

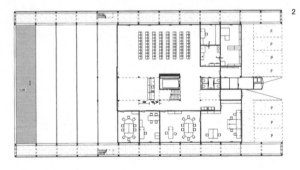

Duurzame architectuur: meer dan getallen / Sustainable architecture: more than numbers –
Glazen buffers / Glazed thermal buffers – Slimme gebouwen / Smart buildings –
Gebouwen als energieopwekkers / Buildings as energy generators –
Spannende, compacte steden / Exciting, compact cities

Architect / Architect

2 / **69**

Architectenburo CEPEZED

4

Het Centre for Human Drugs Research is in 1988 opgericht en doet onderzoek naar de effecten van nieuwe geneesmiddelen op mensen. Toen CEPEZED de ontwerpopdracht kreeg, was het nog niet duidelijk in welke vorm de werkzaamheden zouden worden verricht. Er werd dan ook om een uiterst flexibel gebouw gevraagd.
In de meeste medische gebouwen bevinden zich grote, ingewikkelde installaties, die de vrijheid bij de indeling van het gebouw danig beperken. Een van de uitgangspunten in het ontwerp was derhalve om een koelinstallatie overbodig te maken. Dit lijkt lijnrecht in te gaan tegen de architectonische opvattingen van het bureau, want CEPEZED ontwerpt over het algemeen lichte, stalen gebouwen en dan is er geen massa aanwezig om de interne warmtelast te absorberen.

Dit 'gebrek' wordt gecompenseerd door voor en achter het gebouw geperforeerde stalen schermen te plaatsen. Deze schermen houden een belangrijk deel van de directe zonnestraling tegen en weren ook de windlast van de volledig glazen gevels. Bovendien zorgen de schermen ervoor dat de kiepschuiframen kunnen worden geopend, waardoor het gebouw haar warmte direct aan de omgeving kwijt kan. Slechts een enkele onderzoeksruimte is voorzien van een *fancoil-unit*.
In de winter blijken de schermen het stralingsverlies juist te beperken; er is om het gebouw een microklimaat ontstaan, waar het dan net iets warmer is.

Duurzame architectuur / Sustainable architecture
Voorwoord / Preface
Inleiding / Introduction
Verantwoording / Credits

Project / Project
Centre for Human Drugs Research, Leiden

2 / 70

5 / Voor en achter het gebouw zijn geperforeerde,
stalen schermen aangebracht. Er is zo een microklimaat ontstaan dat het openen van de ramen
een groot deel van het jaar mogelijk maakt.

Duurzame architectuur: meer dan getallen / Sustainable architecture: more than numbers –
Glazen buffers / Glazed thermal buffers – Slimme gebouwen / Smart buildings –
Gebouwen als energieopwekkers / Buildings as energy generators –
Spannende, compacte steden / Exciting, compact cities

Architect / Architect
Architectenburo CEPEZED

2 / 71

5

Duurzame architectuur: meer dan getallen / Sustainable architecture: more than numbers –
Glazen buffers / Glazed thermal buffers – Slimme gebouwen / Smart buildings –
Gebouwen als energieopwekkers / Buildings as energy generators –
Spannende, compacte steden / Exciting, compact cities

Architect / Architect
Architectenburo CEPEZED

Duurzame architectuur / Sustainable architecture
Voorwoord / Preface
Inleiding / Introduction
Verantwoording / Credits

Project / Project

2 / 72

2.13 Opleidingscentrum, Herne-Sodingen (D)

Titel	Adviseur constructies	Ontwerp - oplevering
Opleidingscentrum, Herne-Sodingen	**Arup GmbH, Düsseldorf**	**1992 - 1999**
Architect	Adviseur installatie/bouwtechniek	Bruto vloeroppervlak
Jourda & Perraudin Architectes, Parijs	**Schlaich Bergemann + Partner,**	**11.690,50 m²**
Opdrachtgever	**Stuttgart**	Bruto inhoud
Ontwikkelingsmaatschappij Mont-	Adviseur bouwfysica	**190.000 m³**
Cenis, Herne-Sodingen	**HL Technik AG, Frankfurt am Main**	

Herne-Sodingen ligt in het centrum van het Ruhrgebied. Het Opleidings-centrum in deze plaats is gebouwd op een voormalige mijn, Mont Cenis, en vormt een van de architectonische hoogstandjes van het project in het IBA-Emscherpark. De Franse architecte Françoise Jourda koos hier voor het doos-in-een-doos principe: de studentenwoningen, de leslokalen en de bibliotheek zijn onder een glazen stolp geplaatst. Door de glazen omhulling kunnen de gebouwen eenvoudiger worden uitgevoerd, zij hoeven immers

niet volledig water- en winddicht te zijn. Zowel de constructie van de glazen stolp als die van de gebouwen is van hout.
De beheersing van het binnenklimaat verloopt in grote lijnen hetzelfde als bij de dubbelehuidgevels. In de zomer stijgt de opgewarmde lucht op en verlaat het complex via de openingen in het dak. Door deze luchtstroming naar buiten, ontstaat in de glazen hal een onderdruk die maakt dat verse, koele buitenlucht via louvres in de zijgevel naar binnen wordt gezogen. De

schaduw biedende, 'zwetende' planten en verdampende vijvers verlagen de binnentemperatuur.
Ondanks deze maatregelen en de in het dakvlak opgehangen zonneschermen dreigde het echter toch te warm te worden. Op het dak zijn daarom in een speciaal patroon zonnecellen gelegd. Dit patroon zorgt ervoor dat voldoende zonnewarmte wordt tegengehouden en dat tegelijkertijd genoeg daglicht binnenkomt. Samen met de zonnecellen op de glazen gevels leveren deze ook veel zonne-energie op.

De interactie tussen het gebouw en de omhulling is in de winter een door-wrocht geheel. De verse buitenlucht wordt dan vlak onder het dakvlak opge-warmd en vervolgens de gebouwen binnengezogen. De uit de gebouwen afkomstige lucht zorgt er op haar beurt voor, dat het in de glazen stolp nooit kouder wordt dan twaalf graden.

Duurzame architectuur: meer dan getallen / Sustainable architecture: more than numbers –
Glazen buffers / Glazed thermal buffers – Slimme gebouwen / Smart buildings –
Gebouwen als energieopwekkers / Buildings as energy generators –
Spannende, compacte steden / Exciting, compact cities

Architect / Architect

2 / 73

Jourda & Perraudin Architectes

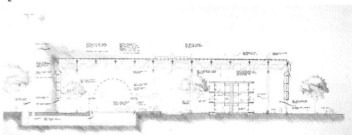

1 / Het Opleidingscentrum in Herne-Sodingen
wordt gebouwd op een voormalige mijn.

2 / Principe klimaatbeheersing in de glazen stolp.

Duurzame architectuur: meer dan getallen / Sustainable architecture: more than numbers –
Glazen buffers / Glazed thermal buffers – Slimme gebouwen / Smart buildings –
Gebouwen als energieopwekkers / Buildings as energy generators –
Spannende, compacte steden / Exciting, compact cities

Duurzame architectuur / Sustainable architecture
Voorwoord / Preface
Inleiding / Introduction
Verantwoording / Credits

Project / Project
Opleidingscentrum, Herne-Sodingen (Duitsland)

2 / 74

3

3 / In het kegelvormige volume is de bibliotheek
ondergebracht.

4 / Plattegrond met bibliotheek, studentenwoningen, klaslokalen en een restaurant.

5 / Op en tegen de houten constructie zijn glazen
panelen aangebracht met zonnecellen. De hoeveelheid invallende zonnewarmte wordt zo verminderd, tegelijkertijd wekken zij energie op.

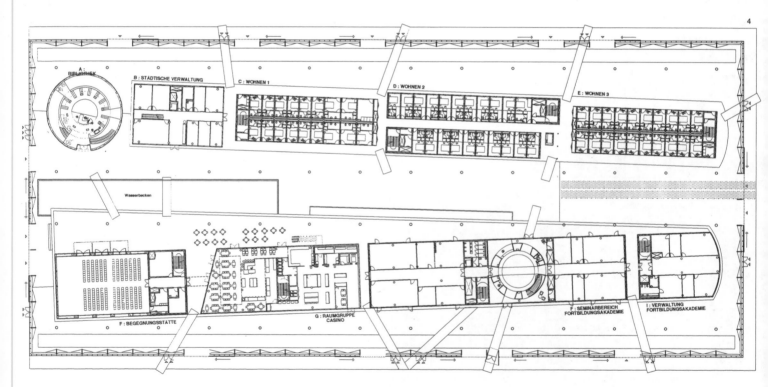

4

Duurzame architectuur: meer dan getallen / Sustainable architecture: more than numbers –
Glazen buffers / Glazed thermal buffers – Slimme gebouwen / Smart buildings –
Gebouwen als energieopwekkers / Buildings as energy generators –
Spannende, compacte steden / Exciting, compact cities

Architect / Architect
Jourda & Perraudin Architectes

2 / 75

5

Duurzame architectuur / Sustainable architecture
Voorwoord / Preface
Inleiding / Introduction
Verantwoording / Credits

Project / Project

2/76

2.14 IBN/DLO-gebouw, Wageningen (NL)

Titel	Adviseur constructies	Ontwerp - oplevering
Instituut voor Bos en Natuur Onderzoek, Wageningen	**Arohnson Raadgevende Ingenieurs V.O.F., Amsterdam**	**1993 - 1998**
Architect	Adviseur installatie/bouwtechniek	Netto vloeroppervlak
Behnisch, Behnisch & Partner Architekten, Stuttgart	**Bouwadviesbureau Heijckmann B.V., Huissen**	**11.000 m²**
Opdrachtgever	Adviseur bouwfysica	
Rijksgebouwen Dienst, Directie Oost, Arnhem	**Fraunhofer Institut für Bauphysik, Stuttgart**	

1

De fusie van het Instituut Bos en Natuur Research met de Dienst Landbouwkundig Onderzoek maakte nieuwbouw noodzakelijk. Bouwen lijkt in tegenspraak met het doel van dit instituut, want zij verricht wetenschappelijk onderzoek naar het ecologisch en economisch verantwoord beheren van de natuur, de bossen en het stedelijk groen. Stefan Behnisch heeft daarom samen met projectarchitect Ton Gilissen een gebouw ontworpen, dat zich richt naar en misschien zelfs onderwerpt aan de natuur.
De buitenkant is bekleed met blauwe

Duurzame architectuur: meer dan getallen / Sustainable architecture: more than numbers –
Glazen buffers / Glazed thermal buffers – Slimme gebouwen / Smart buildings –
Gebouwen als energieopwekkers / Buildings as energy generators –
Spannende, compacte steden / Exciting, compact cities

Architect / Architect

2 / 77

Behnisch, Behnisch & Partner Architekten

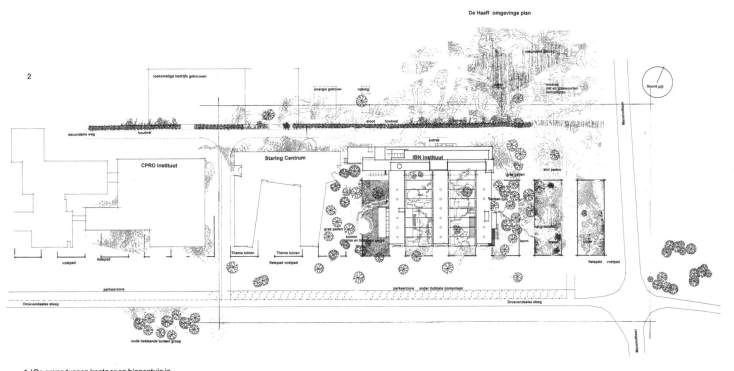

2

1 / De grens tussen kantoor en binnentuin is
heel dun.

2 / Situatie met verschillende landschappen.

3 / In tegenstelling tot de binnentuinen is de
buitenkant van het gebouw weinig sprekend.

3

en grijze eternietplaten en is weinig
sprekend. Deze terughoudendheid
komt enerzijds voort uit het idee dat
het gebouw in de toekomst volledig
met planten moet zijn begroeid, anderzijds is het gebouw vooral van binnen-
uit ontworpen. De atriums spelen
hierbij de belangrijkste rol. Door het
glazen dak en de gevel komt een over-
vloedige hoeveelheid licht en warmte
binnen, waardoor hier een microklimaat heerst waarin nu al prachtige
tuinen zijn ontstaan.
De aan het atrium grenzende kantoorgevels zijn geïsoleerd als betrof het

buitengevels. In de winter wordt het
weliswaar nooit kouder dan tien
graden, maar een dergelijke temperatuur heeft desalniettemin thermische
verliezen tot gevolg. Omdat er geen
windbelasting op de gevel staat,
konden de kozijnen wel veel slanker
worden gedimensioneerd.
In de zomer dreigt er echter een onge-
controleerde opwarming. Om dit te
voorkomen, kunnen naast de verticale
lamellen ook de deuren in de glasgevel
worden geopend. Tevens kan aan de
loef- of de lijzijde - dit is afhankelijk van
de windrichting - van het uit de kassen-

bouw afkomstige glasdak per atrium
230 m2 worden opengeklapt en kunnen
de zonneschermen in het dakvlak
worden dichtgeschoven. Ten slotte zijn
er in de beide atriums waterpartijen
aangelegd die door hun verdamping
de luchtvochtigheid verhogen en de
temperatuur drukken.
Het klimaat blijkt niet alleen gunstig te
zijn voor de begroeiing, maar ook uiter-
mate prettig voor de gebruikers. De
vele 'restruimtes' in de atriums worden
nu al benut als werkplek.

Duurzame architectuur / Sustainable architecture
Voorwoord / Preface
Inleiding / Introduction
Verantwoording / Credits

Project / Project
IBN/DLO-gebouw, Wageningen

2 / 78

4

Duurzame architectuur: meer dan getallen / Sustainable architecture: more than numbers –
Glazen buffers / Glazed thermal buffers – Slimme gebouwen / Smart buildings –
Gebouwen als energieopwekkers / Buildings as energy generators –
Spannende, compacte steden / Exciting, compact cities

Architect / Architect
Behnisch, Behnisch & Partner Architekten

2 / 79

5

4 / De glazen gevels van de atriums zorgen ervoor
dat de binnentuinen vrijwel naadloos overlopen
in het omliggende landschap.

5 / Om opwarming in de zomer te voorkomen
kunnen grote delen van het glasdak geopend
worden. Daarnaast kan het zonweringsdoek
dichtgeschoven worden.

6 / Behalve klimaatbuffers zijn de atriums ook
bijzondere ontmoetingsplaatsen.

6

Duurzame architectuur / Sustainable architecture
Voorwoord / Preface
Inleiding / Introduction
Verantwoording / Credits

Project / Project
IBN/DLO-gebouw, Wageningen

2 / 80

7

7 / De vijver en de beplanting van de binnen-tuinen moeten mede bijdragen aan een prettig binnenklimaat.

8 / Eerste verdieping.

9 / Tweede verdieping.

8 / 9 Legenda bij de plattegronden.

1   Bibliotheek
2   Kantoren
3   Standaard laboratorium
4   Geklimatiseerd laboratorium
5   Binnentuin
6   Thematuin
7   Dakterras

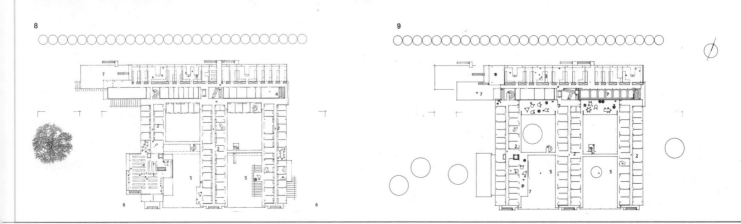

8

9

26 / 03 / 1999 / 12:52

Duurzame architectuur / Sustainable architecture

Voorwoord / Preface
Inleiding / Introduction
Verantwoording / Credits

Project / Project

3 / 82

3 SLIMME GEBOUWEN

Duurzame architectuur / Sustainable architecture

Voorwoord / Preface
Inleiding / Introduction
Verantwoording / Credits

Project / Project

3 / 82

Duurzame architectuur: meer dan getallen / Sustainable architecture: more than numbers – Architect / Architect
Glazen buffers / Glazed thermal buffers – **Slimme gebouwen** / Smart buildings –
Gebouwen als energieopwekkers / Buildings as energy generators –
Spannende, compacte steden / Exciting, compact cities

3 / 83

Het in het vorige hoofdstuk beschreven concept van de dubbele huid levert aantoonbaar energiewinst op, maar tegelijkertijd kost de productie van deze gevels veel energie. De hierbij gebruikte materialen - glas, staal of aluminium - hebben namelijk alle een hoge energie-inhoud.

Om deze reden wijst de traditionele groene beweging dit type, technisch vaak perfecte gebouwen af. Zij vindt dat bouwmaterialen vooral uit de plaatselijke omgeving afkomstig moeten zijn en een lage energie-inhoud moeten hebben. Hout, leem, stro en baksteen zijn daarom in hun optiek ideale materialen. Met deze materialen is inderdaad niets mis, maar zij worden vaak wat al te nadrukkelijk geëtaleerd om het groene karakter van de gebouwen te 'bewijzen'. Dat geldt ook voor de vormgeving waarbij op streekeigen gebouwen wordt teruggegrepen, met als resultaat een verbeterde versie van een nostalgisch tuinhuisje met grasdak.

De zogenoemde vernaculaire woningen zijn architectonisch vaak niet echt interessant, maar ook de verheerlijking van de traditionele bouwwijze is niet terecht. De vroegmiddeleeuwse woningen in Nederland (van hout en leem) en andere landen met een gematigd klimaat waren tenslotte bepaald niet prettig: zij boden op hun best beschutting tegen regen, maar er kwam nauwelijks daglicht of frisse lucht binnen. Van een hygiënische woonomgeving was evenmin sprake. Kortom, vernaculaire woningen waren donkere, te warme of te koude, onaangename broeinesten van ziekten.

Traditionele woningen in de tropen, woestijn en op de steppen blijken wel principes te bevatten, waar wij met onze huidige energie- en milieuproblemen op terug kunnen grijpen. Dit soort woningen is - evenals de geëvolueerde principes die zijn waar te nemen in de gelaagde opbouw van de huid van ijsberen, de subtiele warmtewisselaars in de poten van vogels, de mimicry van de woestijnkameleon of de nesten van termieten - het bestuderen waard. Zij zijn tot stand gekomen om in extreme klimaten te kunnen overleven. In glazen kantoren vol met mensen, computers en andere apparaten, die worden opgewarmd door binnendringende zonnewarmte, kunnen dergelijke extreme omstandigheden eveneens optreden.

Van de moderne architecten liet vooral Le Corbusier zich inspireren door traditionele bouwwijzen. Zo paste hij in de jaren dertig de moderne (betonnen) versie van de *brise-soleil* toe in zijn op Marokkaanse architectuur gebaseerde ontwerp voor het Ponisch appartementengebouw (1933) in Algiers.

Enkele jaren later trad hij als adviseur op van Oscar Niemeyer en Lúcio Costa bij de bouw van het Ministerie van Onderwijs en Gezondheidszorg in Rio de Janeiro (1936). Hij stelde voor om betonnen gevelelementen in het ontwerp te verwerken. Deze weren in de warmste maanden direct zonlicht, terwijl ze in de koelere wintermaanden licht binnenlaten. Dit voorstel werd overgenomen, zij het dat Niemeyer en Costa - tegen de zin van Le Corbusier - de gevel dynamischer maakten door binnen de betonnen kaders beweegbare elementen aan te brengen. Le Corbusier vond dat *brise-soleils* dusdanig moeten zijn vormgegeven, dat zij zelf hun werende werk doen. Zodra ze door de gebruikers kunnen worden ingesteld, zijn ze volgens hem minder effectief.

Overigens zijn de *brise-soleils* van de Unité d'Habitation (Marseille, 1947-1952) en van het Capitol (Chandigarh, 1951-1965) verkeerd geplaatst en moeten dus eerder als compositorische dan als klimaatregulerende elementen worden gezien.

Duurzame architectuur / Sustainable architecture
Voorwoord / Preface
Inleiding / Introduction
Verantwoording / Credits

Project / Project

3 / 84

Voor het Ministerie van Gezondheid
en Onderwijs in Rio de Janeiro ontwierp Le Corbusier *brise-soleils*.
Deze zijn zo vormgegeven dat zij in
de zomer het directe zonlicht weren,
maar in de herfst en winter zon juist
doorlaten. Zeer tegen zijn zin voorza-
gen de architecten Niemeyer en
Costa de *brise-soleils* van beweegbare panelen.

Duurzame architectuur / Sustainable architecture
Voorwoord / Preface
Inleiding / Introduction
Verantwoording / Credits

Project / Project

3 | 86

Michiel Cohen, Architectenburo CEPEZED

'Het verhaal dat gebouwen zwaar moeten zijn is een mythe. Absolute flauwekul. Dit gold zo'n dertig jaar geleden, toen was met name de isolatiegraad van het glas onvoldoende en verdween er veel warmte door de gevel. De massa van het gebouw zorgde er dan voor dat een deel van de warmte werd vastgehouden. Tegenwoordig heb je echter uitstekend isolerende glassoorten die het warmteverlies tot een absoluut minimum beperken.

Door het steeds beter isoleren van de gevel is er een nieuw probleem ontstaan: dat van de opwarming van het gebouw door de interne warmtelast. Onmiddelijk concludeerde men dat de massa van het gebouw gebruikt zou kunnen worden om deze warmte te absorberen. Nachtventilatie moest er vervolgens voor zorgen dat deze warmte uit het gebouw zou verdwijnen. Onderzoek in Engeland heeft aangetoond dat dit niet goed werkt. In deze degelijk geïsoleerde gebouwen wordt de warmte veel te goed vastgehouden.

Wij pleiten daarom al jarenlang juist voor extreem lichte gebouwen die direct reageren op de buitentemperatuur. Wordt het buiten warm, dan stijgt de temperatuur binnen ook, maar omdat het gebouw zelf geen warmte vasthoudt blijft het binnen heel aangenaam als je de ramen opent en zo ventileert.'

Na Le Corbusier hebben nog vele architecten zich beziggehouden met het ontwerpen van plastische gevels om zonnewarmte buiten te houden. Voor de Albert Camus School (Fréjus, 1995) bijvoorbeeld, heeft Norman Foster zich evenals Le Corbusier laten inspireren door traditionele Noord-Afrikaanse bouwwijzen. Naast massa en *brise-soleils* paste hij een natuurlijk ventilatiesysteem toe, dat in veel Arabische gebouwen is terug te vinden. De in de dwarsdoorsnede gekromde vorm van het gebouw, begeleidt als het ware de opgewarmde lucht uit de klaslokalen naar het hoogste punt in de centraal gelegen gang, waar de lucht, dankzij de werking van de zonneschoorsteen, naar buiten wordt afgevoerd. Opwarming van het betonnen dak is in dit ontwerp voorkomen door er een stalen dak op te plaatsen en tussen deze twee lagen een luchtspouw aan te brengen.

In Nederland zoekt vooral Rudy Uytenhaak naar wat hij zelf noemt, de derde dimensie van de gevel. Hij voorziet zijn gebouwen bijvoorbeeld van dansende balkons (Haarlemmer Houttuinen, Amsterdam) of betonnen schermen (Weesperstraat,

Duurzame architectuur: meer dan getallen / Sustainable architecture: more than numbers – Architect / Architect
Glazen buffers / Glazed thermal buffers – **Slimme gebouwen** / Smart buildings –
Gebouwen als energieopwekkers / Buildings as energy generators –
Spannende, compacte steden / Exciting, compact cities

3 | 87

Amsterdam en Hobbemastraat, Den Haag). Deze elementen hebben in de eerste plaats een architectonische betekenis, maar zij houden ook direct zonlicht tegen en hun massa absorbeert bovendien een deel van de zonnewarmte.

In het VROM-kantoor in Haarlem (1997) zijn de voor Uytenhaak typische gevelelementen bijna als traditionele *brise-soleils* toegepast. De opdrachtgever wilde een energiezuinig gebouw en een van de belangrijke voorwaarden hiervoor is dat zonnewarmte uit het gebouw wordt geweerd. Zoals eerder gesteld is buitenzonwering dan het meest effectief, maar dit past niet in de architectuur van Uytenhaak. Voor het VROM-kantoor bedacht hij daarom een gevelsysteem, dat is opgebouwd uit betonnen haken die horizontaal dakpansgewijs zijn geplaatst. Samen vormen deze prefab-elementen een driedimensionale honingraat. Het voornaamste verschil tussen de noord- en zuidgevel is, dat in de zuidgevel de elementen met het horizontale deel van de haak naar boven zijn geplaatst, waardoor aan de bovenzijde een diepe negge is ontstaan. De elementen van de noordgevel zijn minder diep, maar ze zijn wel gemaakt met dezelfde mal. Daarnaast zijn de elementen hier omgedraaid, waardoor de horizontale regel aan de onderzijde ligt en voor reflectie in plaats van voor wering van zonlicht wordt benut.

De zware betonnen gevelelementen in dit kantoorgebouw zijn echter niet alleen nodig om zonlicht tegen te houden, zij compenseren ook het gebrek aan massa van het gebouw. De kleine bouwplaats en de korte bouwtijd vroegen om een lichte, hybride staal- en betonconstructie. Bij de meeste duurzame projecten is er een overvloed aan 'dom' gewicht, dat een belangrijk deel van de interne warmtelast en binnengekomen zonnewarmte absorbeert. De koelinstallatie kan hierdoor veel kleiner gedimensioneerd worden. In Haarlem neemt de zware betonnen gevel deze taak over. In het interieur, ten slotte, absorberen scheidingswanden van geperforeerde, keramische elementen niet alleen geluid, maar ook warmte.

NATUURLIJKE KOELING

Naast de vele voordelen kleeft er ook een groot nadeel aan natuurlijke ventilatie. Natuurlijke ventilatie is niet altijd energiezuinig. Ongemanipuleerde buitenlucht kan namelijk een nadelig effect op het binnenklimaat hebben. In de zomer is de lucht te warm, waardoor zij niet verkoelend werkt, maar juist een bijdrage levert aan de opwarming van een gebouw. In de winter is de lucht te koud en moet de lucht, al of niet verwarmd door de zon, worden voorverwarmd.

De massa van een gebouw kan worden gebruikt om de buitenlucht te manipuleren. In de traditionele woningen in Hyderabad bijvoorbeeld, zijn hiervoor zogenoemde badgirs aangebracht. Dit zijn zware, traditionele luchthappers, die ver boven het dak uitsteken. Hierdoor komt warme lucht naar binnen, waarna de warmte wordt afgegeven aan de massa van de badgir. Aangezien koude lucht zwaarder is dan warme, daalt de koelere lucht en zo wordt het steeds koeler. Tegelijkertijd neemt de lucht vocht op. Uiteindelijk komt er dus koele, vochtige lucht de huizen binnen.

In het kader van het Joule-II project, een onderzoeksproject naar energiezuinige gebouwen gesubsidieerd door De Europese Commissie, heeft Michael Hopkins gezocht naar hedendaagse toepassingen van de badgir. Dit leidde tot de ontwikkeling van een systeem waarin een roterend element in de schoorsteen lucht aanzuigt. Deze lucht komt via holle kolommen onder de vloeren terecht en wordt van daaruit verspreid. Doordat de kolommen zwaar geïsoleerd zijn, nemen zij de warmte uit de lucht op en functioneren zo als hedendaagse badgirs. De afvoerkanalen zijn in de gevel opgenomen. De warme, afgewerkte lucht wordt door de zon verder opgewarmd en stijgt daardoor sneller op. In de winter wordt deze lucht, voordat zij het gebouw via de schoorsteen verlaat, langs een warmtewisselaar geleid om de binnenkomende verse lucht op te warmen. In het nieuwe parlementsgebouw in Londen worden enkele van deze ideeën toegepast. Alleen zijn in dit gebouw zowel de aan- als afvoerkanalen van de lucht in de gevel opgenomen.

Behalve de massa van een gebouw kan ook de aarde worden gebruikt om als accumulator en 'luchtbehandelaar' op te treden. Dit principe is evenmin nieuw. Veel traditionele woningen in bijvoorbeeld Noord-Afrika of Italië profiteren op de een of andere manier van de koelte die de grond afstaat. Maar de grond houdt niet alleen koude vast, er kan ook warmte in worden opgeslagen. Tegenwoordig worden daarom dure, diepe waterputten geslagen om 's zomers warmte en 's winters koude in de grond te 'bewaren'. Wanneer dit nodig is, wordt deze koude of warmte opgepompt en benut. Met warmtepompen kan de temperatuur van het water verder verhoogd of verlaagd worden. Deze techniek is vrij simpel, maar door de putten en de warmtepompen tevens tamelijk duur. Eenvoudiger - en daarom sympathieker - is de directe manier van benutten van aardwarmte, zoals

Duurzame architectuur / Sustainable architecture
Voorwoord / Preface
Inleiding / Introduction
Verantwoording / Credits

Project / Project

3 / 88

in het woningbouwproject (Innsbruck, 1998) van Baumschlager & Eberle. De woningen hebben hier ieder een eigen airconditioning, maar deze wordt centraal met verse lucht gevoed. Daartoe wordt buitenlucht deels opgewarmd met aardwarmte en deels via een warmtewisselaar, waarbij gebruik wordt gemaakt van afgezogen, warme lucht uit de appartementen.

Ook in Richard Rogers' nieuwe gerechtsgebouw in Bordeaux (1998) wordt voor de koeling van de lucht ten dele de massa van het gebouw gebruikt. Opmerkelijker is echter, dat de in dit gebouw toe-gepaste technieken veel op het klimaatbeheer-singssysteem van de termietenheuvel lijken. Daarom eerst iets over klimaatbeheersing in de nesten van de Afrikaanse termiet, de

Doorsnede van een nest van de
Afrikaanse termiet. De binnenkomende lucht wordt met behulp van
grondwater gekoeld.

Macrothermes bellicosus. Het nest van deze termiet bestaat uit twee delen. De grove, dikke, uit grond opgetrokken buitenhuid absorbeert de zon-newarmte. Het nest zelf staat op pootjes en wordt - uiteraard - met buitenlucht geventileerd. Deze lucht wordt echter eerst door grondwater geleid en koelt zo af. Door de interne warmtelast wordt de temperatuur van de lucht hoger, stijgt op en verlaat het nest via een opening aan de bovenzijde

Duurzame architectuur: meer dan getallen / Sustainable architecture: more than numbers –   Architect / Architect
Glazen buffers / Glazed thermal buffers – **Slimme gebouwen** / Smart buildings –
Gebouwen als energieopwekkers / Buildings as energy generators –
Spannende, compacte steden / Exciting, compact cities

89

Renzo Piano, Renzo Piano Building Workshop

'We proberen in eerste instantie om harmonieuze gebouwen te maken. In harmonie met de geschiedenis van het gebied, maar ook met de klimatologische omstandigheden. Het is heel goed mogelijk om gebouwen te ontwerpen die geen enkele relatie hebben met hun omgeving. Deze gebouwen kun je bij wijze van spreken overal neerzetten. Dat vinden wij niet interessant. Bij onze studies naar de lokale omstandigheden komen soms zeer ingenieuze, oude technieken over het klimatiseren van gebouwen boven water. Neem bijvoorbeeld de traditionele hutten in Nieuw-Caledonië. De horizontaal geplaatste bladeren van deze hutten breken de windsnelheid, maar er komt ook voldoende lucht voor ventilatie door naar binnen. Wij kopiëren die technieken niet - dat heeft geen enkele zin - maar we gebruiken ze wel en integreren ze met nieuwe westerse technieken en inzichten.

Daarnaast moet het gebouw ook in harmonie zijn met zijn gebruiker. Met andere woorden het moet mooi en aangenaam worden gevonden. Is een ecologisch verantwoord gebouw lelijk, of onaangenaam om in te werken of te wonen, dan zal het toch snel worden afgebroken. Alle opdrachtgevers weten dit, maar zodra de budgetten samengesteld moeten worden zijn ze dit weer vergeten. Om een gebouw mooi of aangenaam te maken is in veel gevallen een hoger budget nodig. (Al zijn onze woningen in Parijs aan de Rue de Meaux, ondanks de speciale gevel en de binnentuin, heel goedkoop.)

Opvallend is dat wat mensen aangenaam vinden ook vaak energiezuinig is. Grote ramen die open kunnen. Hierdoor hebben de gebruikers niet alleen een mooi uitzicht, maar er komt ook licht, frisse lucht en warmte door naar binnen. Hoge, lichte ruimtes. Mensen vinden overmaat prettig, het heeft dus geen zin om verlaagde plafonds aan te brengen. Bovendien kun je zo de thermische massa van het gebouw beter te benutten, et cetera. Het blijkt dus dat wanneer je probeert om harmonieuze gebouwen te maken, zij dan bijna vanzelfsprekend ook duurzaam zijn.'

Duurzame architectuur / Sustainable architecture
Voorwoord / Preface
Inleiding / Introduction
Verantwoording / Credits

Project / Project

90

De traditionele hopdrogerij was een
van Rogers' inspiratiebronnen bij het
ontwerpen van het Paleis van Justitie
in Bordeaux.

Dieter Schempp, medeoprichter van LOG ID

'Samen met twee vrienden, een psychiater en een dokter, heb ik LOG ID in 1976 opgericht. Ons doel was om groene-zonne-architectuur te gaan vervaardigen. Het eerste project van LOG ID was de kas waarin ons bureau gevestigd is. Eerst heb ik de planten die er stonden verwijderd en kocht ik een boek over subtropische planten. Vervolgens ben ik gaan zaaien. Binnen een half jaar waren alle nieuwe planten dood. Toen heb ik een bioloog van de universiteit van Tübingen benaderd. Hij vond de groene-zonne-architectuur een interessant uitgangspunt, maar de door mij gebruikte methode wat naïef. Je kunt planten niet willekeurig in gebouwen toepassen. Je moet een micro-klimaat creëren waarin alle planten naast elkaar kunnen leven. Ook mogen de planten geen pollen verspreiden,

Duurzame architectuur: meer dan getallen / Sustainable architecture: more than numbers – Architect / Architect
Glazen buffers / Glazed thermal buffers – **Slimme gebouwen** / Smart buildings –
Gebouwen als energieopwekkers / Buildings as energy generators –
Spannende, compacte steden / Exciting, compact cities

3 / 91

moeten ze resistent zijn tegen insecten, et cetera. Met vallen en opstaan hebben we onze plantenselectie steeds nauwkeuriger kunnen maken.

Wij gebruiken planten om het klimaat te beheersen. In de zomer bieden zij niet alleen schaduw, maar ze 'zweten' ook. Hierdoor is het onder bomen altijd koeler dan in het open veld. In de winter verliezen de planten een deel van hun bladeren en dus kan de zon dieper het gebouw binnendringen en het opwarmen. Groene-zonne-architectuur is zeer gecompliceerd, het is een *gesamtkunstwerk*. Alle facetten zijn even belangrijk. Als architect doe je een stap terug, maar je krijgt heel tevreden klanten. Dit wordt gemeten door de psychiater. Hij ondervraagt de gebruikers drie keer: voor de verhuizing (over hun verwachtingen), vlak na de opening en ten slotte na een jaar. Over het algemeen - althans bij de kantoren - zijn de verwachtingen niet hoog gespannen, men is toch bang dat het te warm zal worden. Na een jaar is iedereen echter zeer tevreden en neemt het ziekteverzuim zelfs zichtbaar af. Het klimaat is dan ook fantastisch. Het is subtropisch en door de vele planten is de lucht veel gezonder dan buiten. Bovendien groeien er allerlei vruchten die in de lunchpauze of onder het werk kunnen worden geplukt en gegeten.'

(die soms meer dan twee meter boven het maaiveld ligt) of via de perforaties in de buitenhuid.

Nu het gerechtsgebouw van Rogers. Dit bestaat uit een glazen omhulsel met een golvend stalen dak waarin de uivormige gerechtszalen op poten zijn geplaatst en een kantorenblok. Het glazen scherm dient als klimaatbuffer. De verse buitenlucht wordt, net als bij de termieten, iets gekoeld door middel van water. In Bordeaux wordt voor dit laatste geen grondwater gebruikt, maar de lucht wordt door een cascade waaroverheen water stroomt, aangezogen. Hierna komt de lucht in een buizenstelsel terecht, dat gestort is in de dikke betonnen wanden van de parkeergarage, en geeft warmte af aan de massa van het beton. De gekoelde lucht komt vervolgens deels in de gerechtszalen en deels in de klimaatzone terecht.

Duurzame architectuur / Sustainable architecture
Voorwoord / Preface
Inleiding / Introduction
Verantwoording / Credits

Project / Project

3 / 92

J. Schoonman, hoogleraar Technische Universiteit, Delft

'Met nano-technologie kun je nieuwe, bijzondere eigenschappen synthetiseren. Dit is goed te illustreren aan de hand van eigenschappen van keramische materiaal. In de jaren vijftig dacht men dat dit het materiaal van de toekomst was. Het bleek echter te bros te zijn om aan die verwachtingen te kunnen voldoen. Door met deeltjes van nanoafmetingen te gaan werken kun je keramiek echter plastischer en dus vervormbaar maken, de hardheid aanpassen, of delen aan elkaar lassen. Keramiek krijgt zo eigenschappen die lijken op die van staal. In Amerika zijn er groepen wetenschappers aan het experimenteren om met behulp van nanotechnologie fabriekjes met de afmetingen van een molecuul te bouwen. Ook kunnen in het menselijk lichaam nanotechnologischaangepaste moleculen ingebracht worden die er voortdurend voor zorgen dat de juiste hoeveelheid geneesmiddel wordt toegediend.

Nanotechnologie is ook van belang voor het opwekken van energie. Reeds in het begin van de jaren zeventig ontdekten twee Japanse onderzoekers de mogelijkheden van Titaandioxine (TiO_2). Hiermee splitsten zij onder invloed van zonlicht, water in zuurstof en de brandstof waterstof. Dat kreeg destijds een enorme hoeveelheid publiciteit, maar deze energieproductie kon niet efficiënt worden gemaakt. Dat lukte pas toen de mogelijkheden van nanotechnologie werden ontdekt. Op een film kleurloos, maar wel geleidend oxide wordt nu een nano-gestructueerd TiO_2 aangebracht, waarmee een prachtig en heel goedkoop zonnepaneel is ontstaan met een rendement van twaalf procent.

Door lithium aan het TiO_2 toe te voegen komt een nieuwe elektrode voor een herlaadbare vaste-stof-batterij tot stand, die gebruikt kan worden om de elektrische energie van het zonnepaneel op te slaan. Het nanogestructureerde TiO_2 is normaal gesproken kleurloos, maar als je lithium toevoegt dan verkleurt het. Op basis van dit elektrochrome effect is de *smart-window* ontwikkeld. Afhankelijk van de combinatie van chemicaliën kunnen *smart-windows* alle kleuren en kleurcombinaties hebben. Ze zijn ontwikkeld om de daglichttoetreding te verminderen en 's avonds zijn ze altijd volledig doorschijnend. Een *smart-window* wordt gebruikt in combinatie met een zonnepaneel. De elektrische energie van het zonnepaneel verzorgt de kleurverandering.'

Duurzame architectuur: meer dan getallen / Sustainable architecture: more than numbers –   Architect / Architect
Glazen buffers / Glazed thermal buffers – **Slimme gebouwen** / Smart buildings –
Gebouwen als energieopwekkers / Buildings as energy generators –
Spannende, compacte steden / Exciting, compact cities

3 93

NON-MODERNISTISCHE SLIMME GEBOUWEN

De herkomst van bovengenoemde ontwerpen is
steeds duidelijk: traditionele principes zijn dusdanig getransformeerd dat zij in een moderne architectuur passen. Een letterlijke toepassing van deze
principes leidt vaak tot de eerder beschreven vernaculaire architectuur.

De Australische architect Glenn Murcutt en de
Italiaanse architect Renzo Piano behoren tot de wei-
nigen die in staat zijn om vernaculaire elementen in
moderne architectuur te integreren. Murcutt bouwt
vooral in het klimaat waarvoor deze technieken zijn
bedacht. Zijn architectuur is daardoor behalve uiter-
mate boeiend, volstrekt logisch in haar omgeving.
Piano maakt een nauwkeurige studie van lokale
bouwwijzen om die vervolgens te vertalen in een
eigentijdse versie met hedendaagse bouwtechnieken. Het meest recente voorbeeld hiervan is het
Cultuurcentrum Jean Marie Tjibaou op Nieuw-
Caledonië (1998) dat kan worden gezien als een
gemoderniseerde versie van de traditionele
Caledonische hut. Hij gebruikte daarvoor niet zoals
gebruikelijk horizontaal gerangschikte bladeren,
maar gelamineerd irokkohouten delen die hun stijf-
heid ontlenen aan een roestvast stalen constructie.
De afstand tussen de regels wordt naar boven toe
steeds groter, waardoor het gebouw opgaat in het
landschap. De houten schermen fungeren echter
niet alleen als middel om aansluiting te krijgen bij
traditie en landschap, zij helpen ook mee om het
binnenklimaat te beheersen: tussen het houten
scherm en de glasgevel is een open, gebogen
ruimte aangebracht die als soort schoorsteen functioneert. De vorm van het houten scherm is overigens belangrijk voor de gewenste natuurlijke ventilatie. Het blijkt vaak en hard te waaien op deze plek
waardoor normale, natuurlijke ventilatie enkele
maanden per jaar niet mogelijk is. Door de vorm
van het scherm wordt de wind over de schoorsteen
geleid en veroorzaakt daar een onderdruk. Bij harde
wind wordt het bovenste raam aan de voorzijde
geopend, zodat de lucht als het ware door de over-
waaiende wind uit het museum wordt getrokken.

Slimme gebouwen zijn regionaal gebonden. Zij
spelen direct in op de lokale klimaatomstandigheden, 'form follows climate', en passen naadloos in
de omgeving. De gebouwen van Neutelings Riedijk
Architecten wijken evenwel van deze regel af. Ze
ogen in eerste instantie volstrekt vreemd, maar
kunnen tegelijkertijd als het prototype van een 'vernuftig' gebouw worden gezien. Bij nadere bestude-
ring blijkt bijvoorbeeld geen gebouw zo consequent
ontworpen te zijn als het Minnaertgebouw in

Het Cultuurcentrum op Nieuw-
Caledonië van Renzo Piano kan
beschouwd worden als een eigentijdse versie van de traditionele
hutten op dit eiland. De horizontaal,
achter elkaar geplaatste bladeren van
deze hutten zorgen ervoor dat de
windsnelheid gebroken wordt. Deze
constructie zorgt tegelijkertijd voor
voldoende ventilatie.

Duurzame architectuur / Sustainable architecture
Voorwoord / Preface
Inleiding / Introduction
Verantwoording / Credits

Project / Project

3 / 94

Oorspronkelijk Nieuw Caledonisch vlechtwerk.

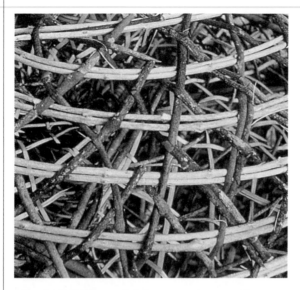

Utrecht (1998), want de keuze voor een zelf-regulerend gebouw is hier ook aan de buitenkant doorgezet. De dikke gevel van spuitbeton absorbeert niet alleen veel zonnewarmte, maar zij zorgt er ook voor dat de ramen verdiept liggen. Een deel van het directe zonlicht wordt zo door de gevel zelf tegengehouden. Daarnaast is buitenzonwering toegepast.

Met een beetje fantasie kan de wonderlijke gevel van het Minnaertgebouw beschouwd worden als een eigentijdse versie van traditionele gebouwen in onder meer Marokko, die zijn opgebouwd uit rode woestijnsteen. Deze verwijzing is in de Utrechtse universiteitswijk misschien niet logisch, maar Neutelings Riedijk Architecten laat massa zien waar massa nodig is.

Het verwarmen van westerse gebouwen is vanwege de interne warmtelast en de nog steeds toenemende isolatiegraad van de gebouwschil over het algemeen geen probleem meer. Zeker niet in het Minnaertgebouw dat onderdeel is van de Utrechtse universiteit en waarin studenten veelvuldig van computers gebruikmaken. De architecten zijn er van uitgegaan dat de studenten, de apparaten en de verlichting ook gedurende de wintermaanden voor voldoende warmte zorgen om aangenaam te kunnen werken. Zeer tegen de zin van Neutelings Riedijk zijn desalniettemin radiatoren geplaatst, die alleen in de wintermaanden na de vakantie het gebouw 's ochtends opwarmen. Hun idee om de verlichting in die enkele gevallen een paar uur eerder aan te zetten, waardoor de dure installatie die slechts een paar uur per jaar werkt achterwege kon blijven, haalde het niet. Het idee was te ongebruikelijk.

Ongewoon is ook de manier waarop het gebouw wordt gekoeld. Neutelings Riedijk gebruikt hiervoor regenwater. Dit water komt via trechtervormige openingen in het dak in de vijver van de centrale hal terecht. Met het regenwater worden de koelplafonds in de verschillende ruimtes gevuld. Berekeningen toonden aan dat het water door opname van de interne warmte, iedere dag vier graden in temperatuur stijgt. Wanneer er geen maatregelen worden genomen om dit water weer af te laten koelen, verliest het al snel zijn koelende werking. 's Nachts wordt het water daarom naar een koeltoren op het dak gepompt, waar het zijn warmte aan de atmosfeer afgeeft.

Neutelings Riedijk Architecten schept zo gebouwen die in belangrijke mate zelf het klimaat beheersen, net als Afrikaanse gebouwen. Architectuur, constructie en installatie zijn in hun gebouwen samengevloeid tot een geheel. Alleen op deze manier kunnen gebouwen werkelijk klimaatregelaars worden. Veel Nederlandse installatie-adviseurs blijken echter niet in staat of niet bereid om hun denken in machines los te laten. Zij hebben te weinig inzicht in het ontwerpen van ruimtes en kunnen slecht inschatten wat de vorm van een ruimte zelf voor consequenties voor het klimaat kan hebben.

Ook bouwkundig zijn de ideeën van Neutelings Riedijk moeilijk te realiseren. Eenvoudige gebouwen die slechts uit dikke betonnen wanden, vloeren en plafonds bestaan en die warmte absorberen, zijn er niet meer. Elk gebouw, en zeker een universiteitsgebouw, bevat grote hoeveelheden kabels en leidingen. Meestal worden deze in verlaagde plafonds of verhoogde vloeren weggewerkt. Om de massa van het gebouw volledig te kunnen gebruiken, is in het Minnaertgebouw een deel van de leidingen in het beton gestort. Dit vraagt een veel nauwkeuriger coördinatie tussen de verschillende bouwpartners. Terwijl in de traditionele bouwpraktijk na de bouwkundig aannemer, de installateurs met hun werk kunnen beginnen waarna alles wordt afgewerkt, moest in het Minnaertgebouw een groot aantal werkzaamheden tegelijkertijd plaatsvinden.

Neutelings Riedijk heeft meer dan alleen ecologische motieven om de moeizame strijd met de bouwpartners aan te gaan. Zij zijn er namelijk van overtuigd, dat geklimatiseerde gebouwen aangenamer kunnen zijn door een natuurlijke manier van koelen en verwarmen. Zo heeft het Minnaertgebouw een contrastrijk klimaat: sommige ruimtes worden zodra er mensen werken aangenaam, onbenutte ruimtes blijven kouder en de centrale hal is altijd koel. Hier is geen verwarming geplaatst en door de grote gaten in het dak dringen regen en

Duurzame architectuur: meer dan getallen / Sustainable architecture: more than numbers – Architect / Architect
Glazen buffers / Glazed thermal buffers – **Slimme gebouwen** / Smart buildings –
Gebouwen als energieopwekkers / Buildings as energy generators –
Spannende, compacte steden / Exciting, compact cities

95

wind in deze ruimte door. De centrale hal is dan ook geen verblijfs- maar een doorgangsruimte. Om het toch meer te laten zijn dan een ruimte van waaruit de meeste klaslokalen te bereiken zijn, heeft Neutelings Riedijk aan de gevel alkoven gehangen. Deze ruimtes met gecapitonneerde banken worden wel verwarmd; zij zijn een hedendaagse versie van haardplaatsen in middeleeuwse kastelen.

Een tweede motief voor Neutelings Riedijk - en andere architecten - om voorstander te zijn van gebouwen met een natuurlijke manier van koelen en verwarmen, is dat deze bij het ontwerpen meer vrijheid geven. Minder (grote) installaties betekent niet alleen minder energiegebruik, maar ook een belangrijke kostenbesparing (net zoals het niet afwerken van beton geld bespaart). In veel gevallen houdt dit niet in dat de installatie-arme gebouwen ook goedkoper zijn, maar in de ogen van de Duitse installatie-adviseur Klaus Daniels - die veel onderzoek naar duurzame architectuur heeft verricht - zou dat wel het geval moeten zijn. Hij stelt dat ecologisch bouwen het zo spaarzaam mogelijk inzetten van technische hulpmiddelen is, waarbij van

De wind staat warmte af aan de massa van de badgirs en tegelijkertijd neemt deze lucht vocht op. Door dit principe komt op de begane grond van de woningen koele, vochtige lucht binnen.

Duurzame architectuur / Sustainable architecture
Voorwoord / Preface
Inleiding / Introduction
Verantwoording / Credits

Project / Project

3 / 96

alle passieve maatregelen die bouwlichamen ons bieden, gebruik moet worden gemaakt. Volgens hem weten maar weinig architecten, bouw- en installatie-adviseurs met dit thema om te gaan, omdat zij niet uitgaan van Mies van der Rohes adagium: 'less is more'.

De meeste architecten gaan inderdaad niet op die wijze met besparingen om. Zij zullen de kostenbesparing die is ontstaan door het ontbreken van installaties, aanwenden om zaken (extra ruimtes, bijzondere afwerkingen) die normaal gesproken binnen het gestelde budget niet mogelijk zijn, alsnog te realiseren. Het zoeken naar manieren om zonder installaties gebouwen te klimatiseren, biedt hen de mogelijkheid om met evenveel geld meer te bouwen. En het is waar, gebouwen worden zo rijker, interessanter, prettiger en daarmee vanzelf ook duurzamer.

Duurzame architectuur: meer dan getallen / Sustainable architecture: more than numbers –
Glazen buffers / Glazed thermal buffers – **Slimme gebouwen** / Smart buildings –
Gebouwen als energieopwekkers / Buildings as energy generators –
Spannende, compacte steden / Exciting, compact cities

Project / Architect / Architect

3 / 97

3.1 VROM-kantoor, Haarlem (NL)
Architectenbureau ir. Rudy Uytenhaak

Titel	Adviseur constructies	Ontwerp - oplevering
VROM-kantoor, Haarlem	**Bureau Heyckmann, Afferden**	**1993 - 1997**
Architect	Adviseur installatie/bouwtechniek	Netto vloeroppervlak
Architectenbureau	**Sweegers & de Bruyn, Amsterdam**	**7.920 m²**
ir. Rudy Uytenhaak b.v., Amsterdam	Adviseur bouwfysica	Netto inhoud
Opdrachtgever	**Sweegers & de Bruyn, Amsterdam**	**ca. 30.000 m³**
Nemeog Vastgoed		
(thans NS Vastgoed), Utrecht		

1

Het nieuwe VROM-kantoor staat vlak achter het negentiende-eeuwse station van Haarlem. Rudy Uytenhaak heeft de verleiding om een concurrentiestrijd met dit monumentale gebouw aan te gaan, weten te weerstaan. Sterker nog, hij heeft zich bij het bepalen van het bouwvolume volledig onderworpen aan de overkapping van het station: de nieuwe bebouwing is een stuk lager dan de stationskap. Verder heeft Uytenhaak het gebouw op de oostelijke punt van de kavel gelegd, waardoor op het westelijke deel van de locatie ruimte ontstond voor een stationsplein. Het gevolg van deze beslissingen was, dat het kantoor een diepte van maar liefst 25 meter moest krijgen om toch het gevraagde programma te kunnen herbergen. Dit bleek echter ook voordelen te bieden. Door de goede verhouding tussen de gevel en het nuttig vloeroppervlak is het gebouw ecologisch verantwoord. Bovendien kan in een diep gebouw een desk-sharing-kantoor, zoals de opdrachtgever wenste, makkelijk worden gerealiseerd: langs de gevels liggen de plekken waar geconcentreerd wordt gewerkt, in het royale middengebied is er ruimte voor gemeenschappelijke vertrekken. De hoeveelheid daglicht zou daarentegen een probleem kunnen vormen. Uytenhaak heeft dit opgelost door op de diagonaal van het gebouw lichthoven te plaatsen, die aan de bovenkant een trapsgewijze opbouw hebben. Er valt zo voldoende licht binnen, terwijl direct zonlicht - en daarmee zonnewarmte - wordt geweerd.
Het gevelsysteem is opgebouwd uit speciaal vormgegeven betonnen elementen, die als brise-soleils licht doorlaten maar warmte weren. Dankzij dit gevelsysteem en de lichthoven hoefde in het gebouw geen koelinstallatie te worden geïnstalleerd. Wel is er mechanische ventilatie omdat natuurlijke ventilatie vanwege de diepte niet mogelijk was.

1 / De betonnen haken van het VROM-kantoor functioneren als *brise-soleils*.

2 / Plattegrond.

2

Duurzame architectuur / Sustainable architecture
Voorwoord / Preface
Inleiding / Introduction
Verantwoording / Credits

Project / Project
VROM-kantoor, Haarlem

3 / 98

3

3 / De ruimtescheidende wanden zijn deels
gemaakt van keramische elementen die een deel
van de warmte absorberen. Om de volledige verdiepingshoogte te kunnen gebruiken als 'warmtebuffer' zijn de systeemplafondplaten zwevend
opgehangen.

4 / Doorsnede noord- en zuidgevel.

5 / De diepte van het gebouw maakte lichthoven
noodzakelijk. De trapsgewijze dakopbouw voorkomt het binnendringen van zonnewarmte, terwijl
wel voldoende daglicht binnen kan komen.

6 / Geveldetail.

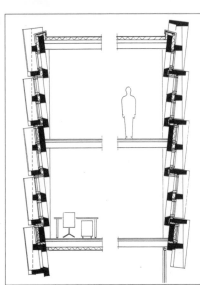

4

Duurzame architectuur: meer dan getallen / Sustainable architecture: more than numbers –
Glazen buffers / Glazed thermal buffers – **Slimme gebouwen** / Smart buildings –
Gebouwen als energieopwekkers / Buildings as energy generators –
Spannende, compacte steden / Exciting, compact cities

Architect / Architect
Architectenbureau ir. Rudy Uytenhaak

3 / 99

5

6

Duurzame architectuur / Sustainable architecture
Voorwoord / Preface
Inleiding / Introduction
Verantwoording / Credits

Project / Project

3 / 100

3.2 Albert Camus School, Fréjus (F)

Titel	Adviseur constructies	Ontwerp - oplevering
Albert Camus School, Fréjus	**Ove Arup & Partners, Londen**	**1991 - 1993**
Architect	Adviseur installatie/bouwtechniek	Bruto vloeroppervlak
Sir Norman Foster and Partners, Londen	**J Roger Preston, Maidenhead Berkshire**	**14.500 m²**
Opdrachtgever		
Gemeente Fréjus		

1

Duurzame architectuur: meer dan getallen / Sustainable architecture: more than numbers –
Glazen buffers / Glazed thermal buffers – **Slimme gebouwen** / Smart buildings –
Gebouwen als energieopwekkers / Buildings as energy generators –
Spannende, compacte steden / Exciting, compact cities

Architect / Architect

3 / 101

Foster and Partners

De Albert Camus School ligt op de top van een heuvel en biedt de scholieren een magnifiek uitzicht op de Middellandse Zee en de nabijgelegen bergen. Foster wilde optimaal profiteren van deze locatie en gebruikte voor de buitengevel vrijwel uitsluitend glas. Om te voorkomen dat vanwege dit materiaalgebruik zware, ecologisch onverantwoorde installaties de temperatuur op peil zouden moeten houden, construeerde Foster dit gebouw volgens Arabische principes. Het zogenoemde Kamin-effect stimuleert natuurlijke ventilatie. Dit effect is mogelijk dankzij de indeling van het lange gebouw. Alle klaslokalen liggen ingeklemd tussen de buitengevel en de asymmetrisch geplaatste binnenstraat en worden gekoeld door dwarsventilatie: kleine, hooggeplaatste ramen in de buiten- en binnenstraatgevel zijn het grootste deel van het jaar geopend, waardoor een luchtstroom ontstaat die de warmte uit de klaslokalen naar de hoge binnenstraat afvoert. In het hoogste punt van de binnenstraat zijn louvres aangebracht. Niet alleen kan zo de warme lucht door convectie naar buiten, maar ook blaast de wind door de louvres en voert de warme binnenlucht af. De luchtstroom dwars door het gebouw heen wordt tevens bevorderd door de zware betonnen dakelementen, die in twee richtingen zijn gebogen. De dakelementen absorberen daarnaast een deel van de binnenkomende en geproduceerde warmte. Verder is op de betonnen dakelementen een tweede metalen huid gelegd. Tussen deze twee lagen is een goed geventileerde spouw aangebracht, waardoor opwarming van het beton door de zon wordt voorkomen.

1 / Detail roestvaststalen schermen.

2 / De gebogen vormen van het betonnen dak zorgen voor geleiding van de lucht door de lokalen. Tevens doen zij dienst als *brise-soleils*.

3 / De middengang fungeert als luchtbuffer. De warme lucht uit de leslokalen komt hier terecht, stijgt op en verdwijnt via louvres naar buiten.

4 / Principe klimaatbeheersing.

1 De spouw tussen het betonnen en het stalen dak zorgt voor koeling van het beton. Zo wordt de warmtestraling van het beton naar binnen verminderd.

2 De gebruikte lucht verlaat de lokalen op het hoogste niveau, er ontstaan dus geen warme luchtlagen.

3 Dwarsventilatie door de klaslokalen.

4 Het binnendringen van verse lucht op een laag niveau zorgt voor een optimale luchtbeweging in de lokalen.

5 *Brise-soleils* voorkomen het binnendringen van direct zonlicht.

6 Door de geopende louvres verdwijnt de gebruikte, opgewarmde lucht.

7 Ventilatie dankzij het schoorsteeneffect.

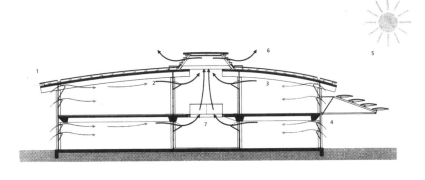

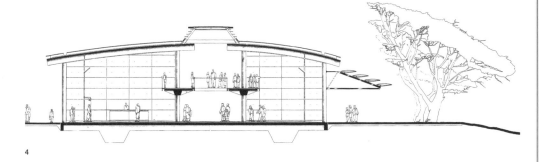

4

Duurzame architectuur / Sustainable architecture
Voorwoord / Preface
Inleiding / Introduction
Verantwoording / Credits

Project / Project

3.3 **Appartementengebouw, Innsbruck (A)**

3 / 102

Titel	Adviseur constructies	Ontwerp - oplevering
Appartementengebouw, Innsbruck	**D.I. Wallnöfer**	**1996 - 1997**
Architect	Adviseur installatie/bouwtechniek	Vloeroppervlak
Architektenbüro Baumschlager &	**GMI Ingenieure**	**4.040 m²**
Eberle, Lochau		
Opdrachtgever		
Neue Heimat Tirol, Innsbruck		

De Oostenrijkse architecten Carlo Baumschlager en Dietmar Eberle realiseerden aan de westelijke grens van Innsbruck, niet ver van het vliegveld, twee woonblokken met in totaal zestig appartementen. Het meest opvallend is zonder twijfel de gevelbekleding die bestaat uit smalle eikenhouten latjes, maar belangrijker is dat Baumschlager & Eberle met deze woonblokken hebben bewezen dat energiezuinig bouwen behalve mooi ook goedkoop kan zijn. Zo heeft elk woonblok om op de ontsluiting te besparen slechts één centraal gelegen trappenhuis; iedere verdieping biedt toegang tot acht woningen. Daarnaast zijn ventilatie en verwarming even inventief als efficiënt. De buitenlucht wordt door een buizensysteem tot onder de kelder gevoerd en met behulp van aardwarmte opgewarmd. Vervolgens kan zij de appartementen worden ingeblazen of verder worden verwarmd. Dit gebeurt deels met warmte afkomstig uit de appartementen en deels met een centrale boiler. Verder liggen op het dak zonnecollectoren die zeventig procent van de behoefte aan warm water dekken. Dankzij onder meer deze installaties is sprake van een energiebesparing van zeventig procent en zijn de totale bouwkosten van de woningen twintig procent lager dan die van vergelijkbare appartementen.

Duurzame architectuur: meer dan getallen / Sustainable architecture: more than numbers –
Glazen buffers / Glazed thermal buffers – **Slimme gebouwen** / Smart buildings –
Gebouwen als energieopwekkers / Buildings as energy generators –
Spannende, compacte steden / Exciting, compact cities

Architect / Architect
3 / 103

Baumschlager & Eberle

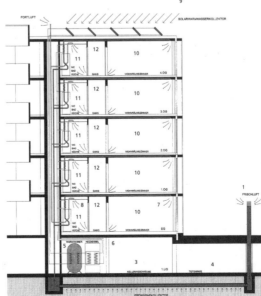

1 / De twee appartementenblokken zijn niet
alleen energiezuinig, maar ook goedkoop.

2 / Principe verwarming appartementen.

1   Verse lucht
2   Opwarming van de verse lucht door middel
    van aardwarmte
3   Kelder
4   Garage
5   Warm water
6   CV-ketel
7   Inblazing opgewarmde lucht
8   Afzuiging gebruikte lucht
9   Zonnecollectoren
10 Woonkamer
11 WC/bad/keuken
12 Gang

Duurzame architectuur / Sustainable architecture
Voorwoord / Preface
Inleiding / Introduction
Verantwoording / Credits

Project / Project
Appartementengebouw, Innsbruck

3 / 104

3

Duurzame architectuur: meer dan getallen / Sustainable architecture: more than numbers –
Glazen buffers / Glazed thermal buffers – **Slimme gebouwen** / Smart buildings –
Gebouwen als energieopwekkers / Buildings as energy generators –
Spannende, compacte steden / Exciting, compact cities

Architect / Architect
Baumschlager & Eberle

3 / 105

4

3 / Met eikenhouten latten wordt een spannend spel tussen open en gesloten gespeeld.

4 / Om kosten te besparen kent ieder blok slechts één trappenhuis. Per verdiepingen worden acht woningen ontsloten.

5 / Plattegrond.

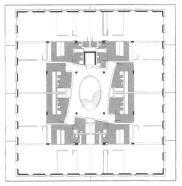

5

Duurzame architectuur / Sustainable architecture
Voorwoord / Preface
Inleiding / Introduction
Verantwoording / Credits

Project / Project

3 / 106

3.4 **Ontwerp gebouw Bouwkunde, Technische Universiteit, Eindhoven (NL)**

Titel	Adviseur constructies	Ontwerp
Ontwerp gebouw Bouwkunde,	**ABT, Arnhem**	**1998**
Technische Universiteit, Eindhoven	Adviseur installatie/bouwtechniek	
Architect	**Climatic Design Consult, Nijmegen**	
Hubert-Jan Henket architecten, Esch		
Opdrachtgever		
Technische Universiteit, Eindhoven		

1

Om het oude gebouw voor Scheikunde geschikt te maken voor de faculteit Bouwkunde schreef Technische Universiteit Eindhoven een meervoudige opdracht uit die door architect Bert Dirrix is gewonnen. Het ontwerp van Hubert-Jan Henket daarentegen toont een zeer boeiend klimaatbeheersingsconcept, waarbij vrijwel het volledige gebouw wordt gebruikt.

Op elke verdieping zijn in de oorspronkelijke glazen gevel boven een strook ventilatielouvres en onder klapramen aangebracht. Achter de originele gevel is een nieuwe glasgevel geplaatst. De buffers die daardoor ontstaan zijn verschillend van diepte gemaakt. Bij de kantoren en leslokalen is de buffer ondiep en dient om het buitenklimaat te temperen en om de winddruk van de nieuwe binnengevel af te houden. Op een aantal plaatsen in het gebouw komen serres. Deze bevinden zich tussen de oorspronkelijke gevel en de nieuwe binnengevel. Voor deze serres is de nieuwe binnengevel simpelweg een stuk verder naar binnen geplaatst en zijn de vloeren van de verdiepingen gesloopt.

De buffers zijn niet voldoende om het gebouw het hele jaar, met een minimaal gebruik van installaties, te klimatiseren. Daarom is het trappenhuis op het zuiden verbouwd tot een zonneschoorsteen. 's Zomers komt de gebruikte lucht uit de kantoren en leslokalen in de zonneschoorsteen terecht. De lucht wordt hier door de zon opgewarmd, stijgt op en verlaat aan de bovenzijde het gebouw. In de kantoren en leslokalen ontstaat dan een onderdruk, waardoor verse lucht wordt binnengezogen. 's Winters wordt de uit de kantoren en leslokalen afkomstige lucht niet naar buiten, maar naar de warmtewisselaar in de noordgevel gevoerd. Deze warmtewisselaar is over de volle hoogte van het gebouw aangebracht en zorgt voor de voorverwarming van verse, koude lucht. Desondanks kan de lucht nog te koud zijn om direct te worden ingeblazen. Elke verdieping is daarom voorzien van een naverwarmer.

Duurzame architectuur: meer dan getallen / Sustainable architecture: more than numbers –
Glazen buffers / Glazed thermal buffers – **Slimme gebouwen** / Smart buildings –
Gebouwen als energieopwekkers / Buildings as energy generators –
Spannende, compacte steden / Exciting, compact cities

Architect / Architect

3 / 107

Hubert-Jan Henket architecten

2

1 / Aan de bovenzijde van de zonneschoorsteen
zijn grote, zwarte, met glas afgedekte, glazen
schalen aangebracht. De lucht in de schalen
wordt snel door de zon opgewarmd en zo wordt
de convectie in de zonneschoorsteen op gang
gebracht.

2 / Plattegrond.

3 / Principe klimaatbeheersing winter. Lucht
wordt met behulp van de massa van de aarde
voorverwarmd. De zonneschoorsteen zorgt
ervoor dat de gebruikte lucht uit de kantoren
wordt gezogen. Deze lucht wordt niet direct naar
buiten, maar naar een gebouwhoge warmtewisselaar geleid. Hiermee wordt de verse buitenlucht voorverwarmd.

4 / Principe klimaatbeheersing zomer. Lucht
wordt met behulp van de massa van de aarde
voorgekoeld. De zonneschoorsteen zorgt ervoor
dat de gebruikte lucht uit de kantoren wordt
gezogen.

5 / Detail gevel.

1   Bestaande betonvloer
2   Aanzicht betonconstructie
3   Ventilatierooster in bestaand gevelpatroon
4   Nieuwe binnengevel, dubbel glas
5   Zonweringsscreen
6   Gerenoveerde glasgevel, enkel glas
7   Kolom aansluiting
8   Klepraam elektrisch bediend
9   Vloerverwarming
10 Vloerisolatie

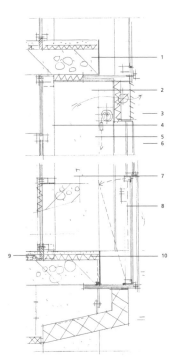

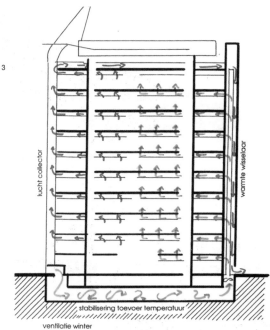

ventilatie winter

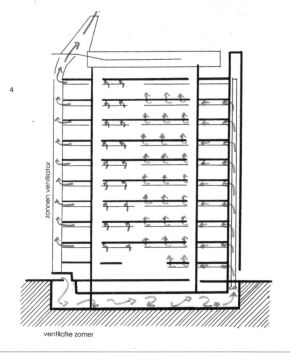

ventilatie zomer

Duurzame architectuur / Sustainable architecture
Voorwoord / Preface
Inleiding / Introduction
Verantwoording / Credits

Project / Project

3 / 108

3.5 Gerechtsgebouw, Bordeaux (F)

Titel	Adviseur constructies	Ontwerp - oplevering
Gerechtsgebouw, Bordeaux	**Ove Arup & Partners, Londen**	**1992 - 1998**
Architect	Adviseur installatie/bouwtechniek	Vloeroppervlak
Richard Rogers Partnership, Londen	**OTH Sud Ouest**	**25.000 m²**
Opdrachtgever		
Ministerie van Justitie, Bordeaux		

1

2

Het gerechtsgebouw in Bordeaux bestaat uit drie opvallende delen: het kantoorgebouw, de glazen buffer en de gerechtszalen die in de buffer zijn geplaatst.

De gebruikers van het kantoorgebouw aan het Cours D'Albert hebben dankzij de glazen huid de hoeveelheid zonlicht, verse lucht en verkeerslawaai zelf in de hand, omdat zij de ramen kunnen openen en de prachtige, horizontaal verschuifbare louvres in diverse standen kunnen positioneren.

Zes van de zeven uivormige gerechtszalen zijn gevat onder het golvende stalen dak van de glazen buffer. De afgeknotte toppen van de zalen steken door het dak. De vorm van de zalen is afgeleid van hopdrogerijen.

In de gerechtszalen wordt ventilatie gerealiseerd door koele buitenlucht die via vloerroosters met een extreem lage snelheid binnenkomt, daarna geleidelijk opstijgt, veel warmte opneemt en ten slotte via onopvallende gaten in de glazen buffer verdwijnt. De buitenlucht wordt gekoeld door water dat over een op het plein aangelegde cascade stroomt en door de massa van de parkeergarage waar de lucht doorheen wordt gevoerd. Behalve in de gerechtszalen wordt deze gekoelde lucht ook in de glazen buffer geblazen. Roosters in de gevel zuigen de iets opgewarmde lucht vanuit de glazen buffer de kantoorvleugel in. Via kanalen die in de betonnen vloer zijn gestort verspreidt deze lucht zich door de kantoren.

Duurzame architectuur: meer dan getallen / Sustainable architecture: more than numbers –
Glazen buffers / Glazed thermal buffers – **Slimme gebouwen** / Smart buildings –
Gebouwen als energieopwekkers / Buildings as energy generators –
Spannende, compacte steden / Exciting, compact cities

Architect / Architect

Richard Rogers Partnership

3 / **109**

3

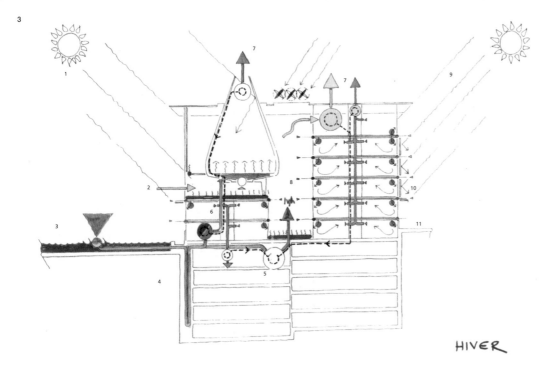

HIVER

4

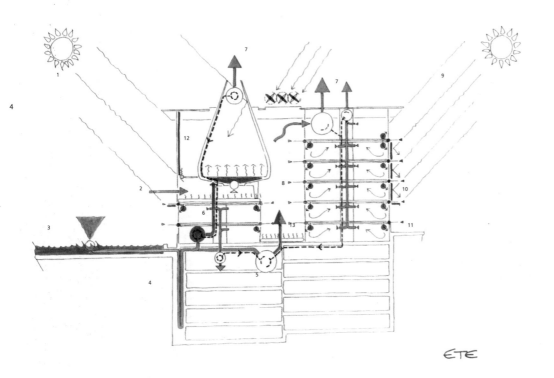

ÉTÉ

1 / De kantoorgevel is voorzien van horizontaal verplaatsbare louvres en van te openen ramen.

2 / Het gerechtsgebouw is opgebouwd uit drie delen. Zes van de zeven typisch gevormde gerechtszalen zijn geplaatst in een glazen bak die fungeert als luchtbuffer. De kantoren ontvangen hun verse lucht deels via deze buffer.

3 / Werking klimaatbeheersing winter.
4 / Werking klimaatbeheersing zomer.

1	Zonlicht wordt geweerd
2	Lucht treedt direct binnen, mits het verkeerslawaai dat toestaat
3	Cascade zorgt voor koeling lucht
4	Massa parkeergarage zorgt voor koeling
5	Warmtewisselaar
6	Luchtinlaat gerechtszalen
7	Lucht verlaat zalen en kantoren door natuurlijke trek
8	Buffer
9	Lucht bereikt kantoren via thermische massa van het gebouw
10	Zonwering
11	*Fancoil-units*
12	Zonlicht wordt binnengelaten
13	Vloerverwarming

Duurzame architectuur / Sustainable architecture
Voorwoord / Preface
Inleiding / Introduction
Verantwoording / Credits

Project / Project
Gerechtsgebouw, Bordeaux

3 / 110

5

Duurzame architectuur: meer dan getallen / Sustainable architecture: more than numbers –
Glazen buffers / Glazed thermal buffers – **Slimme gebouwen** / Smart buildings –
Gebouwen als energieopwekkers / Buildings as energy generators –
Spannende, compacte steden / Exciting, compact cities

Architect / Architect
Richard Rogers Partnership

3 / **111**

6

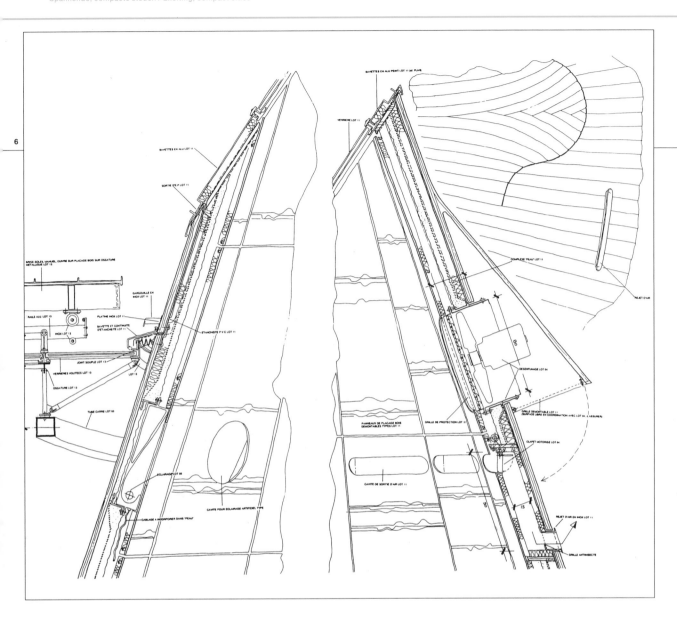

7

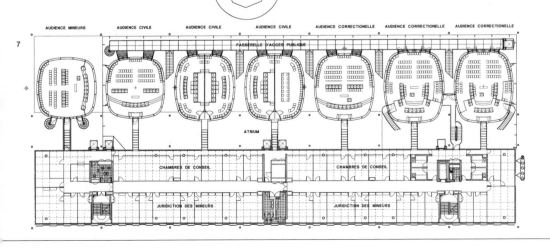

5 / Tussen de gerechtszalen en de kantoorvleugel
is een industrieel aandoende tussenruimte
ontstaan.

6 / Doorsnede top van de gerechtszalen.

7 / Plattegrond.

Duurzame architectuur / Sustainable architecture
Voorwoord / Preface
Inleiding / Introduction
Verantwoording / Credits

Project / Project

3 / 112

3.6 Cultuurcentrum Jean Marie Tjibaou, Nieuw-Caledonië (F)

Titel **Cultuurcentrum Jean Marie Tjibaou, Nieuw-Caledonië** Architect **Renzo Piano Building Workshop, Genua** Opdrachtgever **A.D.C.K., Agentschap voor de ontwik- keling van de Kanak Cultuur, Noumé**	Adviseur constructies **Ove Arup & Partners, Londen** Adviseur installatie/bouwtechniek **GEC; CSTB; Ove Arup & Partners; Agibat; Scène; Peutz; Qualiconsult; Végétude**	Ontwerp - oplevering **1991 - 1998** Vloeroppervlak **7.650 m²**

Het Cultuurcentrum op Nieuw-Caledonië heeft twee gezichten. De bezoekers benaderen het museum via een weg waar planten en bomen het museum lange tijd aan het oog onttrekken. Vanaf de zee is het centrum daarentegen duidelijk zichtbaar en veel expressiever. Renzo Piano vond aan de zeezijde inspiratie bij de traditionele hutten van de bewoners van Nieuw-Caledonië, die hun woningen bouwen met verschillende lagen van horizontaal geplaatste bladeren. Deze gelaagde opbouw breekt de windsnelheid en zorgt tegelijkertijd voor een verkoelende ventilatie. De schermen van Piano doen hetzelfde. In plaats van bladeren gebruikte hij echter gebogen en gelamineerde irokkohouten delen die direct zonlicht tegenhouden en de wind breken. Daarachter liggen een spouw en de glazen gevel van het museum. Er zijn vier openingen waarmee, afhankelijk van de windsnelheid, de meest optimale manier van natuurlijke ventilatie kan worden bereikt: de schoorsteen, louvres en ramen in de glazen gevel en de ramen in de gevel langs de weg. Vooral de schoorsteen is van belang. De bolle vorm van het scherm geleidt harde wind over het gebouw, waardoor er bij de schoorsteenopening een onderdruk ontstaat en de lucht als het ware uit het museum wordt gezogen. Is het daarentegen windstil, dan verdwijnt de opgewarmde lucht dankzij convectie via de schoorsteen naar buiten.

1 / Ligging van Cultuurcentrum Jean Marie Tjibaou.

2 / De bolle, houten schermen spelen een belangrijke rol bij de klimaatbeheersing. Waait het te hard voor natuurlijke ventilatie dan geleiden zij de wind over het gebouw heen. Er ontstaat zo een onderdruk aan de bovenzijde van de schoorsteen waardoor de lucht uit het Cultuurcentrum wordt gezogen.

1

2

Duurzame architectuur: meer dan getallen / Sustainable architecture: more than numbers –
Glazen buffers / Glazed thermal buffers – **Slimme gebouwen** / Smart buildings –
Gebouwen als energieopwekkers / Buildings as energy generators –
Spannende, compacte steden / Exciting, compact cities

Architect / Architect

3 / 113

Renzo Piano Building Workshop

Duurzame architectuur / Sustainable architecture
Voorwoord / Preface
Inleiding / Introduction
Verantwoording / Credits

Project / Project
Cultuurcentrum Jean Marie Tjibaou, Nieuw-Caledonië

3 / 114

3

3 / Detail roestvaststalen constructie met gelamineerd irokkohouten kolommen.

4 / In de glazen gevel van het lage volume zijn louvres aangebracht, waarmee mede het binnen-klimaat beheerst wordt.

5 / Doorsnede.

Duurzame architectuur: meer dan getallen / Sustainable architecture: more than numbers –
Glazen buffers / Glazed thermal buffers – **Slimme gebouwen** / Smart buildings –
Gebouwen als energieopwekkers / Buildings as energy generators –
Spannende, compacte steden / Exciting, compact cities

Architect / Architect
Renzo Piano Building Workshop

3 / 115

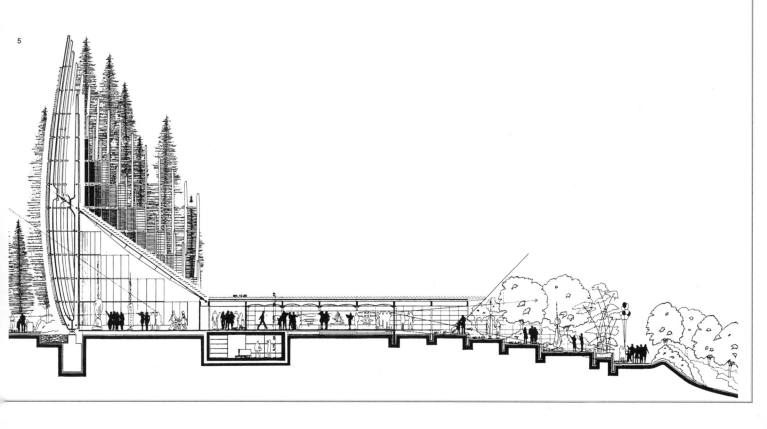

Duurzame architectuur / Sustainable architecture
Voorwoord / Preface
Inleiding / Introduction
Verantwoording / Credits

Project / Project

3 / 116

3.7 Minnaertgebouw, Utrecht (NL)

Titel	Adviseur constructies	Ontwerp - oplevering
Minnaertgebouw, Utrecht	**ABT Adviesbureau voor Bouw-**	**1994 -1997**
Architect	**techniek bv, Velp**	Bruto vloeroppervlak
Neutelings Riedijk Architecten,	Adviseur installatie/bouwtechniek	**ca. 9.000 m²**
Rotterdam	**Ingenieursburo Linssen, Amsterdam**	
Opdrachtgever	Adviseur bouwfysica	
Universiteit, Utrecht	**Adviesbureau Peutz & Associes b.v.,**	
	Molenhoek	

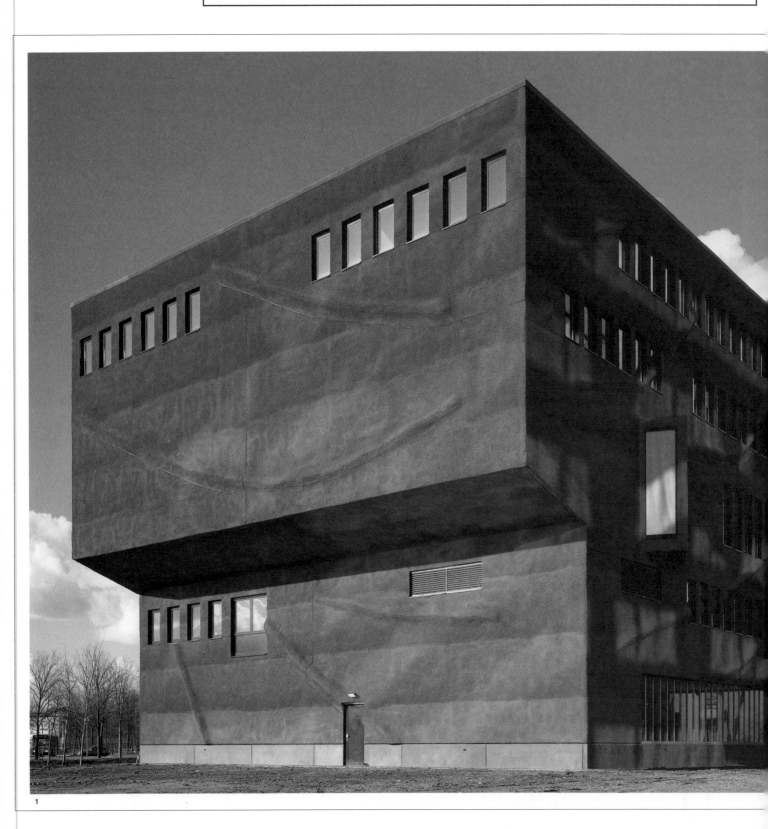

1

Duurzame architectuur: meer dan getallen / Sustainable architecture: more than numbers –
Glazen buffers / Glazed thermal buffers – **Slimme gebouwen** / Smart buildings –
Gebouwen als energieopwekkers / Buildings as energy generators –
Spannende, compacte steden / Exciting, compact cities

Architect / Architect

3 / 117

Neutelings Riedijk Architecten

Het streven naar installatie-arme gebouwen heeft bij Willem Jan Neutelings en Michiel Riedijk niet alleen ecologische motieven. Zij willen in de eerste plaats sfeer- en contrastrijke gebouwen maken. In het Minnaertgebouw in Utrecht volgt het installatieloos maken van het gebouw uit hun architectonische wens om een centrale hal te bouwen, die als verkeersknooppunt functioneert en van waaruit alle lokalen, laboratoria, collegezalen en het restaurant worden ontsloten. Een dergelijke ruimte wordt in het pro-

gramma niet genoemd, wel was een royaal deel van het budget gereserveerd voor de installaties. Door het gebouw extreem zwaar uit te voeren, waren echter nauwelijks installaties nodig en ontstond er voldoende financiële ruimte voor de centrale hal. De zware uitvoering maakt namelijk dat veel van de binnen geproduceerde warmte wordt geabsorbeerd. Voor de koeling van het gebouw wordt regenwater gebruikt. Dit wordt in de vijver in de centrale hal opgeslagen en van daar naar de koelplafonds in de verschillende

ruimtes gepompt. Verder wordt de verwarming geregeld door de hoeveelheid mensen en hun activiteiten.
In de centrale hal dringt door sleuven in het dak regen, zon en wind binnen, waardoor een wat kille sfeer ontstaat die de gebruikers aanzet tot voortdurende activiteit. De aan deze hal gehangen, verwarmde alkoven, de blauwe studiezaal en het grand-café-achtige restaurant zijn veel knusser, hoewel het binnenklimaat ook hier wordt beheerst door het gebouw en de gebruikers.

1 / De gevel van het Minnaertgebouw is gemaakt van spuitbeton. Niet alleen kreeg het gebouw daardoor een specifiek uiterlijk, maar ook extra massa om warmte te absorberen.

2 / Principeschets klimaatbeheersing Minnaertgebouw.

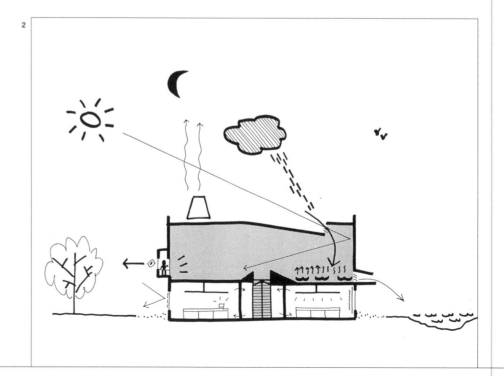

Duurzame architectuur / Sustainable architecture
Voorwoord / Preface
Inleiding / Introduction
Verantwoording / Credits

Project / Project
Minnaertgebouw, Utrecht

3 / 118

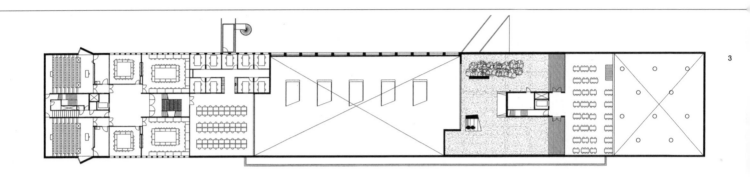

3

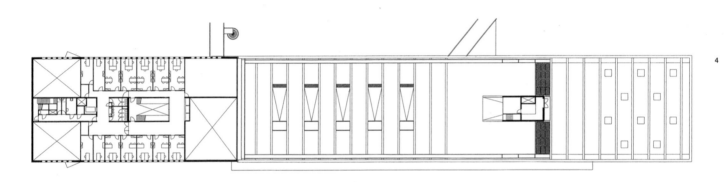

4

5

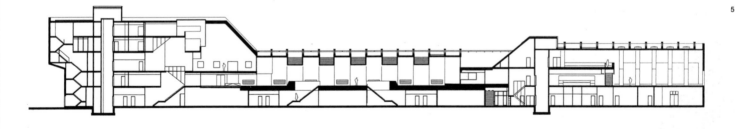

3 / Eerste verdieping.

4 / Tweede verdieping.

5 / Doorsnede.

6 / Via grote gaten in het dak valt regenwater in
de vijver van de centrale hal. Dit water wordt
gebruikt om de andere ruimtes in het gebouw
te koelen.

Duurzame architectuur: meer dan getallen / Sustainable architecture: more than numbers –
Glazen buffers / Glazed thermal buffers – **Slimme gebouwen** / Smart buildings –
Gebouwen als energieopwekkers / Buildings as energy generators –
Spannende, compacte steden / Exciting, compact cities

Architect / Architect
Neutelings Riedijk Architecten

3 / 119

6

Duurzame architectuur / Sustainable architecture
Voorwoord / Preface
Inleiding / Introduction
Verantwoording / Credits

Project / Project
Minnaertgebouw, Utrecht

3 / 120

7

Duurzame architectuur: meer dan getallen / Sustainable architecture: more than numbers –
Glazen buffers / Glazed thermal buffers – **Slimme gebouwen** / Smart buildings –
Gebouwen als energieopwekkers / Buildings as energy generators –
Spannende, compacte steden / Exciting, compact cities

Architect / Architect
Neutelings Riedijk Architecten

3 / 121

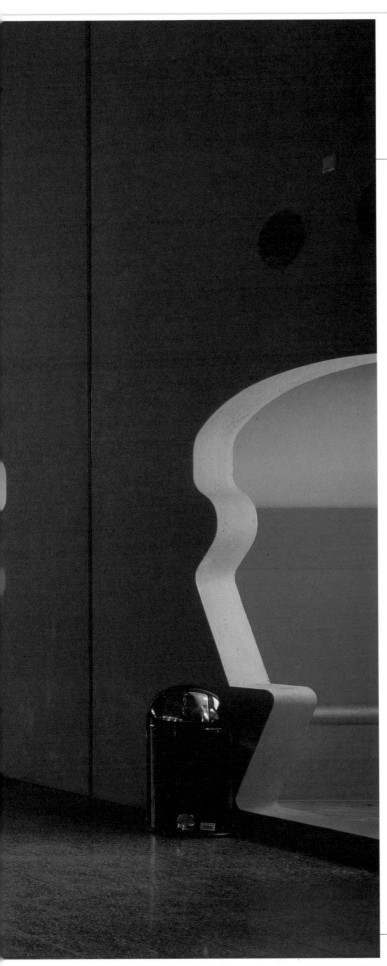

8

7 / In de kille, centrale hal zijn alkoven aangebracht. Deze ruimtes zijn wél verwarmd en door
hun afmetingen en aankleding heel knus.

8 / Via de zogenaamde lichtkolommen krijgt het
restaurant daglicht binnen.

Duurzame architectuur / Sustainable architecture
Voorwoord / Preface
Inleiding / Introduction
Verantwoording / Credits

Project / Project

3 / 122

3.8 Kantoor Rijkswaterstaat Ceramique, Maastricht (NL)

Titel	Adviseur constructies	Ontwerp - oplevering
Kantoor Rijkswaterstaat Ceramique, Maastricht	**Van der Vorm Engineering bv, Maarssen**	**1995 - 1998**
		Bruto vloeroppervlak
Architect	Adviseur installatie/bouwtechniek	**15.300 m²**
Hubert-Jan Henket architecten, Esch	**Technisch Adviesburo Becks, Vught**	
Opdrachtgever	Adviseur bouwfysica	
Bouwfonds Vastgoedontwikkeling i.o.v. Rijksgebouwendienst, regio zuid, Maastricht	**Climatis Design Consult, Nijmegen**	

De Avenue Ceramique in Maastricht loopt evenwijdig aan de Maas en verbindt het Bonnefantenmuseum met de nieuwe bibliotheek. Het is een van de belangrijkste straten in de nieuwe wijk op het voormalige terrein van de Ceramiquefabrieken. Net als de nabijgelegen woonblokken ontsluit het Rijksverzamelkantoor zich in de richting van de laan. De grote, overdekte buitenruimte wordt door een fijn gedetailleerde glazen pui gescheiden van de openbare weg.

De verschillende blokken die samen het gebouw vormen, worden van elkaar gescheiden door glazen zonneschoorstenen. Deze zijn niet alleen beeldbepalend, maar ook belangrijk voor de natuurlijke ventilatie, want de schoorstenen zorgen ervoor dat 'vuile' lucht uit het gebouw wordt afgevoerd. Doordat de lucht in de schoorstenen wordt opgewarmd door de zon, stijgt deze immers op en verdwijnt naar buiten; er ontstaat een onderdruk in de middenruimte waardoor de vuile lucht

uit de kantoren wordt gezogen. Verse lucht komt binnen via door de gebruikers instelbare roosters in de gevel, die zijn geplaatst in speciaal voor dit project ontwikkelde plafondelementen. Voordat de verse lucht de kantoren wordt ingeblazen, kan deze eventueel worden gekoeld of verwarmd. Het voorverwarmen van de lucht gebeurt zonder energieverbruik. De geperforeerde stalen roosters aan de onderzijde van het plafondelement hebben dezelfde temperatuur als de

kantoren. De lucht wordt door de roosters gevoerd en zo opgewarmd. Vuile lucht wordt via de centrale middenzone horizontaal naar de zonneschoorsteen vervoerd.
Het dak van de overdekte buitenruimte is één meter opgetild om buitenlucht toe te laten, zodat de kantoren die aan deze ruimte grenzen eveneens natuurlijk kunnen worden geventileerd. Wordt het daar desondanks te warm dan kan de middenzone van het dak worden geopend.

Duurzame architectuur: meer dan getallen / Sustainable architecture: more than numbers –
Glazen buffers / Glazed thermal buffers – **Slimme gebouwen** / Smart buildings –
Gebouwen als energieopwekkers / Buildings as energy generators –
Spannende, compacte steden / Exciting, compact cities

Architect / Architect
Hubert-Jan Henket architecten

3 / 123

1 / Verse buitenlucht komt de kantoren binnen via
roosters boven de ramen.

2 / Plattegrond.

1

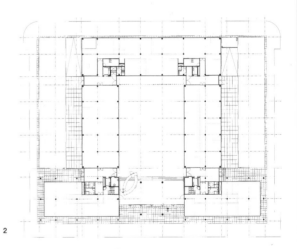

2

Duurzame architectuur / Sustainable architecture
Voorwoord / Preface
Inleiding / Introduction
Verantwoording / Credits

Project / Project
Kantoor Rijkswaterstaat Ceramique, Maastricht

3 / 124

3

4

Duurzame architectuur: meer dan getallen / Sustainable architecture: more than numbers –
Glazen buffers / Glazed thermal buffers – **Slimme gebouwen** / Smart buildings –
Gebouwen als energieopwekkers / Buildings as energy generators –
Spannende, compacte steden / Exciting, compact cities

Architect / Architect
Hubert-Jan Henket architecten

3 / 125

3 / In het atrium heerst een buitenklimaat. Als het er te warm wordt kan het glazen dak geopend worden.

4 / Kantoor aan het atrium.

5 / Voor het gebouw zijn plafondelementen ontwikkeld. De verse buitenlucht wordt in dit plenum opgewarmd of gekoeld.

6 / Principe werking klimaatbeheersing.

7 / Principe zonneschoorsteen. De zon warmt de lucht in de zonneschoorsteen op, deze stijgt daardoor op en verdwijnt naar buiten. Door die beweging ontstaat er in de middengangen van het gebouw een onderdruk waardoor de gebruikte lucht uit de kantoren wordt gezogen en er verse buitenlucht het plenum inkomt.

5

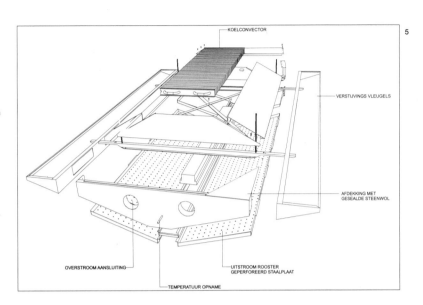

6

7

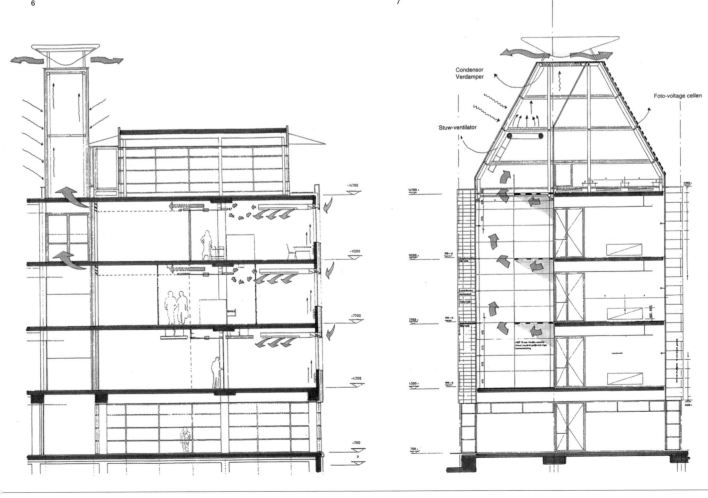

Duurzame architectuur / Sustainable architecture
Voorwoord / Preface
Inleiding / Introduction
Verantwoording / Credits

Project / Project

3 / 126

3.9 Belastingkantoor, Enschede (NL)

Titel	Adviseur constructies	Adviseur bouwfysica
Uitbreiding Belastingkantoor, Enschede	**Rijksgebouwendienst Directie Ontwerp & Techniek, Den Haag**	**Adviesbureau Peutz & Associes b.v., Mook**
Architect	Adviseur energie	Ontwerp - oplevering
Rijksgebouwendienst Directie Ontwerp & Techniek, Ruurd Roorda, Den Haag	**W/E adviseurs duurzaam bouwen, Gouda**	**1994 - 1996**
Opdrachtgever	Installaties	Bruto vloeroppervlak
Rijksgebouwendienst Directie Oost, Arnhem	**Rijksgebouwendienst Directie Ontwerp & Techniek, Den Haag**	**4.320 m²**
		Bruto inhoud
		18.750 m³

In het Belastingkantoor in Enschede zijn om natuurlijke ventilatie te optimaliseren, vlak onder het betonnen plafond zelfregulerende roosters opgenomen. De binnenstromende verse lucht blijft door de hoge plaatsing van de roosters aan het plafond kleven en dringt hierdoor diep het kantoor binnen. Aangezien de lucht langs het plafond strijkt, wordt zij door het beton voorverwarmd danwel gekoeld.
De raampartij van de kantoorgevels is in twee delen opgesplitst. In het bovenste kozijn is zonwerend glas geplaatst en ontbreekt zonwering. Hierdoor komt ook 's zomers daglicht de kantoren binnen, dat via een aluminium 'plank' de kamer wordt ingekaatst. Voor de onderste glasstrook, de zogenaamde zichtramen, is wel buitenzonwering aangebracht. Deze kan door de gebruikers worden bediend.
Het atrium vormt een speels contrast met het strenge exterieur van het gebouw. Het is 23 meter hoog en zorgt ervoor dat het daglicht tot in de parkeergarage doordringt. Verder vormt het een reservoir voor de verbruikte kantoorlucht die via het plenum en de spleten onder in de gangwand het atrium bereikt. Door het schoorsteeneffect stijgt de lucht op en verlaat via openingen in het dak het gebouw. Als het windstil is, wordt de ventilatie in het gebouw mechanisch ondersteund.

1

Duurzame architectuur: meer dan getallen / Sustainable architecture: more than numbers –
Glazen buffers / Glazed thermal buffers – **Slimme gebouwen** / Smart buildings –
Gebouwen als energieopwekkers / Buildings as energy generators –
Spannende, compacte steden / Exciting, compact cities

Architect / Architect

3 / 127

Rijksgebouwendienst (Ruurd Roorda)

2

1 / De gevel geeft door de opsplitsing van de raampartijen een opvallend beeld. Door het bovenste, horizontale raam komt lucht en licht binnen. Het verticale raam biedt uitzicht.

2 / Het atrium zorgt niet alleen voor de afvoer van gebruikte lucht, maar ook dat daglicht diep het gebouw kan binnendringen.

3 / Principe werking klimaatbeheersing.

3

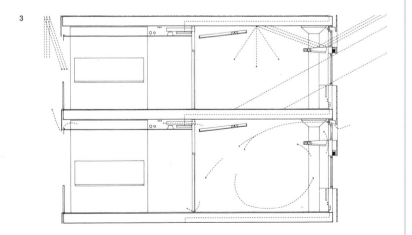

Duurzame architectuur / Sustainable architecture
Voorwoord / Preface
Inleiding / Introduction
Verantwoording / Credits

Project / Project
Belastingkantoor, Enschede

3 / 128

4

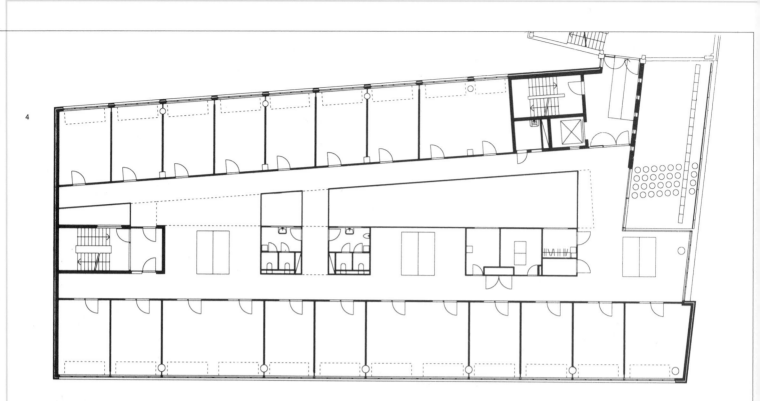

4 / Plattegrond.

5 / Bij de ingang van de fietsenstalling bevindt zich een vijvertje.

5

Duurzame architectuur / Sustainable architecture
Voorwoord / Preface
Inleiding / Introduction
Verantwoording / Credits

Project / Project

4 / 130

4 GEBOUWEN ALS ENERGIEOPWEKKERS

Bij de Turbinetoren van Richard Rogers staan de liftschacht en het trappenhuis los van de rest van het gebouw. De wind die door de spleet tussen de gebouwdelen waait drijft een windturbine aan.

Duurzame architectuur: meer dan getallen / Sustainable architecture: more than numbers – Architect / Architect
Glazen buffers / Glazed thermal buffers – Slimme gebouwen / Smart buildings –
Gebouwen als energieopwekkers / Buildings as energy generators –
Spannende, compacte steden / Exciting, compact cities

4 / **131**

Ook gebouwen die functioneren als klimaatregulerende entiteiten gebruiken energie. Het volledig installatieloos maken van een gebouw is in de meeste gevallen namelijk onmogelijk: kunstlicht blijft in woningen en kantoren onmisbaar, maar ook mechanische ventilatie en een koelinstallatie blijven in de meeste gebouwen noodzakelijk. Op zich is het niet erg dat gebouwen energie consumeren, maar er zullen voor deze energiebehoefte alternatieve bronnen moeten worden benut. De aardolievoorraad raakt immers uitgeput en bovendien veroorzaakt het verbranden van fossiele brandstof het broeikaseffect.

Het heeft geen zin om ieder gebouw energetisch zelfvoorzienend te maken. Zelfs om de in de vorige hoofdstukken genoemde energiezuinige gebouwen volledig autarkisch te maken, moet een onverantwoorde hoeveelheid geld en energie in energieopwekkende installaties worden gestoken. Een dergelijke investering verdient zich alleen terug als de energieprijzen buitensporig stijgen.

Het probleem is dat de belangrijkste niet-fossiele energiebron, de zon, op het verkeerde moment haar energie afstaat: overdag en in de zomer. Kou en warmte worden daarom soms in de grond gepompt om indien nodig te kunnen worden gebruikt. Dit soort faciliteiten, koude- en warmteopslag met de daarbij behorende opwekkers, zijn doorgaans echter te duur voor individuele gebouwen.

Hét alternatief voor autarkische gebouwen is de energieneutraal gebouwde omgeving. Bij dit concept verkopen gebouwen, industrieën of wijken net zo veel energie als zij van andere gebouwen kopen. De productie en consumptie van energie is in evenwicht en er ontstaat op die manier een energiebalans.

Het idee van de energiebalans ligt eigenlijk in het verlengde van het WereldSpel dat Buckminster Fuller in 1927 heeft bedacht. Het doel van dit spel was om de belangrijkste elektriciteitsnetten met elkaar te verbinden. Buckminster Fuller wilde hiermee de effectiviteit van verschillende elektriciteitscentrales verhogen en zo hun capaciteiten optimaal benutten. In zijn voorstel maakte hij gebruik van dag- en nachtverschillen tussen het oosten en westen en winter- en zomerverschillen tussen het noordelijk en zuidelijk halfrond. Hij toonde met zijn WereldSpel aan dat een echte energiebalans niet lokaal, maar globaal functioneert.

Buckminster Fullers wereldwijde elektriciteitsnet is er nog niet - al zijn inmiddels wel elektriciteitsnetten van verschillende landen met elkaar verbonden. De technieken voor een dergelijke voorziening zijn beschikbaar. Dat geldt eigenlijk ook voor de technieken voor een niet-fossiele energiebalans, maar deze moeten de komende tien tot vijftien jaar rendabeler worden gemaakt. Siliciumzonnecellen zullen vanwege hun dure en energievretende fabricage daarom waarschijnlijk van het toneel verdwijnen. Alternatieven hiervoor zijn organische zonnecellen of cellen die gebaseerd zijn op nanotechnologie,

De Reichstag in Berlijn van Norman Foster is het eerste gebouw dat geen fossiele brandstof gebruikt. De verwarming draait op plantaardige olie. In het grondwater wordt zowel koude als warmte opgeslagen die respectievelijk in de zomer en in de winter benut wordt om het gebouw te klimatiseren.

waarbij TiO_2-moleculen voor de opwekking van elektriciteit zorgen. Er zijn ook al op nanotechnologie gebaseerde batterijen ontwikkeld die deze stroom kunnen opslaan. Aangevuld met energie

Duurzame architectuur / Sustainable architecture
Voorwoord / Preface
Inleiding / Introduction
Verantwoording / Credits

Project / Project

4 / **132**

Stefan Behling, directeur van Foster and Partners en schrijver van het boek *Sol Power*.

'De milieuproblemen zijn enorm, bijna niet te overzien, maar ik weet zeker dat de mens intelligent genoeg is om deze problemen het hoofd te bieden. Bovendien schiet je met pessimisme niets op. Duurzaamheid moet een positieve uitstraling hebben. Preken als: 'Je mag niet roken, je mag niet drinken en je mag je huis niet te veel verwarmen', hebben geen zin. Duurzaam leven kun je moeilijk afdwingen. Duurzaamheid moet juist sexy worden, het moet hip zijn. Het draait om het goede verkoopverhaal, om het verschil tussen een jetskiër en een zeiler. Veel mannen zien zich graag op een jetski snel over het water scheren en op die manier de blits bij de vrouwen maken. Wij moeten nu duidelijk maken dat de zeiler veel meer man is. Hij maakt gebruik van, en speelt met de elementen. Hij is fit, de sportman, terwijl de jetskiër dik en lui is.

Dit verkoopverhaal geldt ook voor duurzame gebouwen. Je moet de opdrachtgevers duidelijk maken dat zij door gebruik te maken van natuurlijke ventilatie en daglicht een beter gebouw krijgen. Alleen op die manier kun je de extra investering die duurzaam bouwen nog steeds vraagt beargumenteren. De gemiddelde opdrachtgever is toch vooral geïnteresseerd in geld en veel minder in het milieu. Deze onverschilligheid zal pas echt veranderen wanneer energieverbruik wordt afgestraft. Bijvoorbeeld door de energieprijs enorm op te schroeven, of door als eis te stellen dat een kantoor maar een bepaald aantal kilowatt per vierkante meter mag verbruiken.'

opgewekt door bronnen als de wind en het verbranden van biomassa, dankzij koude- en warmteopslag en door de steeds efficiëntere gebouwen kunnen deze technieken een energieneutraal gebouwde omgeving opleveren.

Gebouwen moeten dus energie gaan opwekken. De vraag is wat dit betekent voor de architectuur.
Tot nu toe werd in Nederland de relatie tussen gebouw en zonnepaneel architectonisch nauwelijks of niet benut. Op veel huizen in nieuwe uitbreidingswijken zijn de zonnepanelen zonder al te veel poespas geplaatst. In sommige meer experimentele woningen, zoals de twee energiebalanswoningen in Nieuwland (Amersfoort), zijn grote, schuingeplaatste energiedaken met zonnepanelen aangebracht, maar ook deze daken blijven architectonisch gezien vrij solitaire elementen.

Duurzame architectuur: meer dan getallen / Sustainable architecture: more than numbers –   Architect / Architect
Glazen buffers / Glazed thermal buffers – Slimme gebouwen / Smart buildings –
Gebouwen als energieopwekkers / Buildings as energy generators –
Spannende, compacte steden / Exciting, compact cities

4 / **133**

Architect Babet Galis en kunstenaar Vera Galis hebben in hun winnende ontwerp voor de renovatie van het Ministerie van Economische Zaken (Den Haag, 1998) met behulp van zonnepanelen, juist niet naar een vorm van integratie gezocht. Zij ontwierpen een sculptuur van zonnepanelen, die als het ware op en over het gebouw hangt. Er is daardoor een gelaagd beeld ontstaan. Maar hoe boeiend dit ontwerp ook is - door het inzetten van zonnepanelen als onderdeel van een sculptuur in plaats van als bouwkundig element -, van integratie van de energieopwekkers en het gebouw is natuurlijk geen sprake.

De zonnepanelen, die standaard een hardblauwe kleur hebben, zijn misschien wel te lelijk om te kunnen integreren. Het dak - en liefst nog buiten zicht - lijkt de meest geëigende plek voor de panelen, bovendien is daar hun opbrengst het hoogst. Een mooie toepassing is te vinden het Britse paviljoen op de wereldtentoonstelling in Sevilla (1992). Architect Nicolas Grimshaw bekleedde de golvende dakschalen van het paviljoen met fotovoltaïsche cellen. De dakschalen bieden het ultralichte gebouw de nodige schaduw en de cellen leveren genoeg energie voor de waterpompen die de gevel nat houden. Ondanks het gebrek aan massa en de grote hoeveelheid glas blijft het gebouw hierdoor koel.

Ook het dak van het in hoofdstuk 2 genoemde Opleidingscentrum van Françoise Jourda in Herne-Sodingen, is bezaaid met zonnepanelen. Het oorspronkelijke ontwerp bestond uit een doos-in-een-doos gebouw. Hierbij werd over twee langwerpige, houten containers en een afgeknotte kegel een glazen stolp geplaatst. Met de glazen schil zou een mediterraan microklimaat worden gecreëerd. Computersimulaties toonden echter aan dat ondanks de planten, het verkoelende vijvertje en de automatisch openklappende kleppen in het dak, het in de zomer veel te warm zou worden. Om oververhitting te voorkomen en het project de gewenste voorbeeldfunctie te geven, stelde adviseur Helmut Müller voor het dak volledig met zonnepanelen te bekleden. Hierbij is de door de computer gemaakte simulatie van gewenste daglichtintensiteit vertaald in een legschema voor de zonnecellen. Afhankelijk van de daglichtbehoefte zijn daarbij transparante panelen of panelen met verschillende daglichtdoorlatendheid gebruikt. De donkerste panelen hebben de hoogste opbrengst maar laten niet of nauwelijks licht door, zij zijn vooral boven de drie gebouwen geplaatst. Boven de groenstroken is daarentegen normaal helder glas gelegd.

De zonnecellen hebben in dit gebouw zowel een technische als een architectonische betekenis gekregen. Ze zijn grotendeels uit het zicht verdwenen, maar zijn desalniettemin belangrijk voor de beleving van het gebouw omdat ze het daglicht kleuren; hun aanwezigheid is voelbaar. De enorme hoeveelheid zonnecellen zorgt er bovendien voor dat het gebouw energetisch onafhankelijk is.

De fabricage van zonnecellen kost echter nog veel energie en het is niet duidelijk of deze energie ooit zal worden terugverdiend. Het Opleidingscentrum heeft een dusdanige 'infrastructuur' dat toekomstige, goedkopere en rendabelere generaties zonnecellen, gemakkelijk kunnen worden gemonteerd.

ENERGIE ALS UITGANGSPUNT

Het Opleidingscentrum is architectonisch interessant en de zonnecellen maken het gebouw vrijwel autarkisch, maar de opwekking van energie was niet het thema van het ontwerp. Als Louis Sullivans adagium 'form follows function' nog geldt en als architectuur werkelijk een vertaling van de tijd is, zou voor deze energieopwekkende gebouwen eigenlijk een nieuwe vormentaal moeten worden ontwikkeld. De architect zal wellicht bij dergelijke gebouwen een stap terug moeten doen omdat computersimulaties mede de uiteindelijke vorm bepalen. De opbrengst van de geïntegreerde technieken moet immers vergroot en dat is vormbepalend.

In deze zin verschillen energieopwekkende gebouwen niet zo veel van slimme gebouwen. Ook energieopwekkende gebouwen zullen in belangrijke mate hun vorm krijgen door lokale omstandigheden, bijvoorbeeld de meest voorkomende windrichting of de stand van de zon ('form follows climate'). Het grootste verschil is dat de slimme gebouwen uit het vorige hoofdstuk aansluiting zoeken bij natuurlijke principes en de energieopwekkende gebouwen hun lot in handen van de techniek leggen. Of zoals Richard Rogers het zei: 'Architecture will therefore become more informed by the wind, by the sun, by the earth, by the water and so on. This does not mean that we will not use technology. On the contrary, we will use technology even more because technology is the way to optimize and minimize the use of natural resources.'

In hun ontwerpen in Tokio en Londen blijken respectievelijk Richard Rogers en Future Systems bereid om de vorm van de gebouwen voor een deel extern te laten bepalen.

Duurzame architectuur / Sustainable architecture
Voorwoord / Preface
Inleiding / Introduction
Verantwoording / Credits

Project / Project

4 / 134

Het oudste voorbeeld van een toren die in zijn eigen energie zou gaan voorzien - en een deel van het jaar energie aan het net zou leveren -, is de Tomigaya II-toren (Tokio, 1992) van Rogers, de Turbinetoren. De kern is losgetrokken van het gebouw en zowel kern als gebouw zijn zo gestroomlijnd dat de meest voorkomende winden door de spleet tussen deze twee bouwdelen worden geleid. Testen met rook hebben aange-toond dat de windsnelheid door de vorm van het gebouw wordt verdubbeld. Een belangrijk deel van de opgewekte stroom wordt gebruikt voor de kli-matisering van het gebouw. Het vochtige en ver-ontreinigde milieu van Tokio staat namelijk geen natuurlijke klimaatbeheersing toe. De turbine levert daarnaast, in het meest optimistische scena-rio, voldoende stroom voor verlichting, computers en andere apparaten.

Voor een kantoorgebouw (1996) in Londen paste Future Systems min of meer dezelfde princi-pes toe als Rogers. Wel vormt de energieopwek-kende installatie hier meer een integraal onderdeel van de architectuur dan in de Tomigaya II-toren. Future Systems holde de vlindervormige platte-grond uit en plaatste in de opening twee verticale turbines. Voor het modelleren van de opening en de gebouwvorm werd een computerprogramma gebruikt, waarmee luchtbewegingen kunnen worden gesimuleerd. De opening heeft hierdoor de vorm van een venturikanaal gekregen en de twee gebouwhelften zijn asymmetrisch geworden. De organische vorm die dit Engelse bureau altijd al

heeft gehanteerd, krijgt zo een echt ecologische betekenis. Volgens optimistische berekeningen leveren de turbines zeventig procent van de totale energiebehoefte. De rest van de energie wordt opgewekt door de fotovoltaïsche cellen die vrolijk gekleurd op de zonneschermen zijn aangebracht.

COMPUTER ALS VORMBEPALER

Dat Future Systems, Richard Rogers en Nicolas Grimshaw hedendaagse technieken tot het wezen van hun ontwerpen maken, is niet verrassend, zij doen dat al decennia. Voorheen gebruikten zij con-structieve elementen en installatie-onderdelen als expressiemiddel, nu worden vooral door de compu-ter zichtbaar gemaakte natuurlijke elementen als windstromingen en zonlicht gebruikt om de externe vorm te bepalen.

Een groeiende groep jonge architecten, onder wie Ben van Berkel en Greg Lynn, claimt op soort-gelijke wijze tot hun ontwerpen te komen. Maar waar de voormalige hightech architecten nog altijd het modernistische idioom hanteren, probe-ren Lynn en Van Berkel iedere vormentaal van zich af te schudden. Invloeden van buitenaf bepalen hun ontwerpen. Ook bij dit ontwerpproces is de computer onmisbaar. Zo voert Lynn een aantal parameters in de computer in en laat de computer vervolgens aan de hand van die parameters de meest optimale vorm bepalen. Zijn invloed beperkt

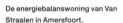

De energiebalanswoning van Van Straalen in Amersfoort.

Duurzame architectuur: meer dan getallen / Sustainable architecture: more than numbers –
Glazen buffers / Glazed thermal buffers – Slimme gebouwen / Smart buildings –
Gebouwen als energieopwekkers / Buildings as energy generators –
Spannende, compacte steden / Exciting, compact cities

4 / 135

zich tot het moment waarop hij besluit het computerprogramma te bevriezen. Uiteraard kiest hij eveneens de parameters en de wijze waarop deze worden ingevoerd.

Het voorlichtingscentrum bij de elektriciteitscentrale van OMV Raffinaderij in het Oostenrijkse Schwechat (1999) is een goed voorbeeld van Lynns werkwijze. Dit H_2-gebouw moet de allerlaatste snufjes op het gebied van elektriciteitsopwekking gebruiken en tonen. Een van de ingevoerde parameters was de stand van de zon, wat bij het uiteindelijk ontwerp heeft geleid tot een organisch aandoend lichaam dat een maximum aan zonlicht kan opvangen. Dit is belangrijk omdat de gevel van het gebouw wordt bekleed met fotovoltaïsche cellen. Door het gebouw in de juiste vorm te kneden, is de energieopbrengst van deze cellen hoog. De rest van de energie wordt opgewekt met behulp van een even energiezuinige als kostbare brandstofcel die waterstof in stroom omzet. Voor het verkrijgen van waterstof wordt het stroomoverschot van de fotovoltaïsche cellen gebruikt.

HET OPGELOSTE ENERGIEVRAAGSTUK

Energieopwekkende gebouwen zijn sociale gebouwen. Zij voorzien weliswaar vooral nog in hun eigen behoefte, maar hebben een dusdanig doorknede energiezuinigheid, dat deze behoefte tot een minimum is teruggebracht. Produceren ze te veel energie dan verkopen ze het overschot aan het elektriciteitsnet. In de nabije toekomst kan dit soort gebouwen een belangrijke bijdrage leveren aan de energieneutraliteit van de gebouwde omgeving.

Het oorspronkelijke ontwerp voor het paviljoen voor de wereldtentoonstelling in het jaar 2000 in Hannover van het Rotterdamse architectenbureau MVRDV, laat goed zien dat de gebouwde omgeving zich ook anders kan ontwikkelen. In het acht verdiepingen hoge gebouw zijn veel nieuwe energieopwekkers geïntegreerd: op het dak staan een aantal windmolens, verder zijn er fotovoltaïsche cellen, wordt er energie opgewekt door middel van het verbranden van in het gebouw gekweekte biomassa en wordt er warmte hergebruikt.

Het gebouw is door deze concentratie van technieken autarkisch. En zelfs meer dan dat. Volgens modernistisch gebruik zou de overtollige energie ten goede moeten komen aan de gemeenschap. MVRDV gaat er daarentegen van uit, dat zij de energie die in het gebouw wordt opgewekt zelf mag gebruiken. De vooruitstrevende energieopwekkende technieken worden derhalve benut om

een van hun fascinaties, een gevelloos gebouw, te realiseren. Luchtgordijnen en op het dak een luchtkoepel houden regen en koude tegen, maar zij doen dit zonder zichtbare begrenzingen. De enorme hoeveelheid energie die voor deze technieken nodig is, is zoals gezegd milieuvriendelijk opgewekt. In het paviljoen lijkt dus sprake van enorme energieverspilling, maar omdat er geen onvervangbare, fossiele energie wordt gebruikt, is dat niet het geval. De feiten worden omgekeerd, waardoor een nieuwe, intrigerende waarheid ontstaat.

Natuurlijk is het paviljoen een tijdelijk gebouw, waardoor men veel meer vrijheid bij het ontwerpen heeft dan bij een permanent gebouw. Het ontwerp van MVRDV legt echter wel een belangrijke vraag voor: is het werkelijk zo dat zelf opgewekte, schone energie naar eigen behoefte gebruikt mag worden? Als deze vraag met ja wordt beantwoord - en waarom niet - dan heeft dit verregaande architectonische consequenties. De energieprestatiecoëfficiënt heeft dan

Op de golvende panelen op het dak van het Britse paviljoen voor de wereldtentoonstelling in Sevilla (Nicolas Grimshaw) zijn fotovoltaïsche cellen geplaatst. Met de hiermee opgewekte energie worden de waterpompen die de gevels nat houden aangedreven.

Duurzame architectuur / Sustainable architecture
Voorwoord / Preface
Inleiding / Introduction
Verantwoording / Credits

Project / Project

4 / 136

geen betekenis meer en zal vervangen moeten worden door een getal dat bijvoorbeeld puur het maximale gebruik van fossiele brandstof weergeeft. Het kan ook heel goed zijn dat dergelijke getallen helemaal overbodig worden.

Voor architecten werkt het positieve antwoord twee kanten op. De integratie van efficiënte, energieopwekkende installaties heeft een beeldbepalende invloed op het ontwerp, maar tegelijkertijd genereren deze een enorme vrijheid: er kunnen nieuwe verschijningsvormen worden ontwikkeld, die een verbeelding van de nieuwe functie en daarmee van deze tijd en van de toegepaste technieken zijn.

Ten slotte kunnen deze energieopwekkende gebouwen ook interessant zijn voor ontwikkelaars. Met name als de energieprijzen gaan stijgen. Naast de te verhuren ruimte kunnen zij dan immers ook elektriciteit gaan verkopen.

Duurzame architectuur: meer dan getallen / Sustainable architecture: more than numbers –
Glazen buffers / Glazed thermal buffers – Slimme gebouwen / Smart buildings –
Gebouwen als energieopwekkers / Buildings as energy generators –
Spannende, compacte steden / Exciting, compact cities

Project / Architect

4 / 137

4.1 Zonnemolen, Schiedam (NL)
Erick van Egeraat associated architects

Titel	Adviseur constructies	Ontwerp
Zonnemolen, Schiedam	**Ove Arup & Partners, Londen**	**1998**
Architect	Adviseur installatie/bouwtechniek	Netto vloeroppervlak
Erick van Egeraat associated architects, Rotterdam	**Ove Arup & Partners, Londen**	**4.450 m²**
Opdrachtgever	Adviseur bouwfysica	
Stichting Zonnemolen, Schiedam	**Imperial College, Aeronautics department , South Kensington**	

De Zonnemolen is oorspronkelijk bedacht door Hans Hill en wekt zowel wind- als zonne-energie op. Hills ontwerp toont een traditionele molen waarvan de wieken, de romp en de top zijn bedekt met zonnecellen. De top zou ervoor zorgen dat de wieken altijd in de richting van de zon zijn gedraaid. De aanwezigheid van hoge flats maakt in Schiedam een traditionele molen echter onmogelijk en Hill benaderde Erick van Egeraat om zijn ontwerp aan deze situatie aan te passen.

Van Egeraat vond dat de moderne technieken die in de molen zijn toegepast, ook in het ontwerp zouden moeten worden verbeeld. Hij zette de Zonnemolen daarom op een beloopbaar glazen dek waarin zonnecellen zijn verwerkt. Bij een horizontale toepassing worden zonnecellen sterk opgewarmd. Onder het glazen dak is daarom een horizontale schacht aangelegd, die in verbinding staat met de schoorsteen in het hart van de Zonnemolen. Het gevolg is dat wanneer de opgewarmde lucht opstijgt, de in het smalste gedeelte van de molen aangebrachte turbine wordt aangedreven. De drie bladen van de molen, ten slotte, werken als een langzaam draaiende, getordeerde Savoniusrotor waarmee windenergie kan worden opgewekt. De opgewekte energie wordt verkocht aan het plaatselijke elektriciteitsbedrijf.

Van de nabijheid van het trein-, metro- en busstation Schiedam-Centraal wordt in dit ontwerp geprofiteerd door onder het plein waarop de zonnemolen staat, een vergader- en tentoonstellingscentrum en horecafaciliteiten te plannen. Het plein is licht geplooid en door de spleten dringt daglicht de ondergrondse ruimtes binnen.

1 / Principe werking Zonnemolen. De lucht in de horizontale schacht onder het plein wordt door de zon opgewarmd en door de kern van de molen gevoerd. In het smalste gedeelte is een turbine aangebracht die door de warme lucht aangedreven wordt.

1

Duurzame architectuur / Sustainable architecture
Voorwoord / Preface
Inleiding / Introduction
Verantwoording / Credits

Project / Project
Zonnemolen, Schiedam

4 / 138

2

2 / Bovenaanzicht. De Zonnemolen staat op een geplooid plein dat is bekleed met zonnepanelen.

3 / Daar het oorspronkelijke ontwerp van de Zonnemolen door de omliggende flatgebouwen niet op deze plek gerealiseerd kon worden, is aan Erick van Egeraat gevraagd om een eigentijdse versie van de molen te maken.

3

Duurzame architectuur: meer dan getallen / Sustainable architecture: more than numbers –
Glazen buffers / Glazed thermal buffers – Slimme gebouwen / Smart buildings –
Gebouwen als energieopwekkers / Buildings as energy generators –
Spannende, compacte steden / Exciting, compact cities

Architect / Architect
Erick van Egeraat associated architects

4 / 139

Duurzame architectuur / Sustainable architecture
Voorwoord / Preface
Inleiding / Introduction
Verantwoording / Credits

Project / Project

4 / 140

4.2 Kantoorgebouw ZED, Londen (GB)

Titel	Ontwerp
Kantoorgebouw ZED, Londen	**1995**
Architect	Vloeroppervlak
Future Systems, Londen	**33.400 m²**
Opdrachtgever	
De Europese Commissie, Brussel	

Het ontwerp voor dit kantoorgebouw maakt deel uit van het project Zero Emission Development. Een van de belangrijkste conclusies van deze studie luidt, dat elke locatie zijn eigen specifieke microklimaat heeft en dat gebouwen hieraan moeten worden aangepast. De vorm van het kantoorgebouw in Londen is dan ook rechtstreeks afgeleid van de plaatselijke omstandigheden. Zo wordt door de oriëntatie van het gebouw optimaal geprofiteerd van de meest voorkomende wind, die door een opening in het hart van het gebouw wordt geleid. Dit gat is als een venturikanaal vormgegeven, waardoor de snelheid van de wind toeneemt en de opbrengst van de twee in deze opening aangebrachte verticale windturbines enorm wordt verhoogd. Het grootste probleem bij het integreren van een windturbine in een gebouw zijn trillingen en lawaai. Om beide te absorberen, heeft Future Systems rondom de turbines dikke, betonnen wanden geplaatst die het geluid tegenhouden en tegelijkertijd zorgen voor de stabiliteit van het gebouw. In deze plastisch vormgegeven betonnen elementen zijn liften, toiletten en trappenhuizen ondergebracht. Ten slotte is met al dit beton de nodige thermische massa het gebouw binnengebracht. De vlindervormige plattegrond is het logisch gevolg van de wens om alle ruimtes zo veel mogelijk met daglicht te verlichten. De kantoren liggen hierdoor dicht tegen de gevel aan en kunnen tevens natuurlijk worden geventileerd.

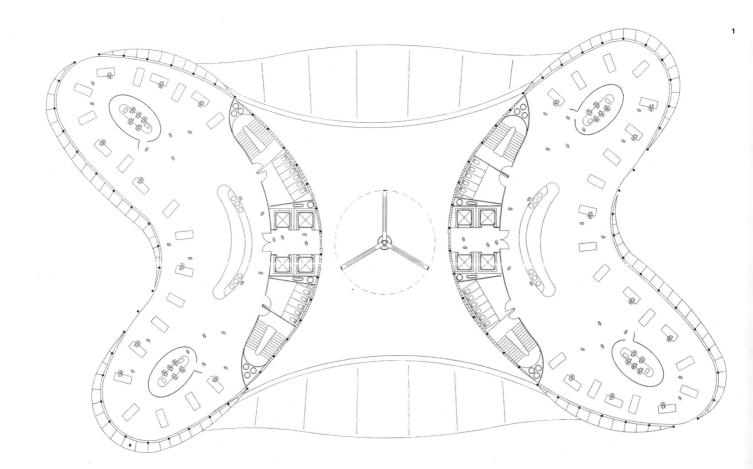

1

1 / Plattegrond kantoorverdieping. De werkplekken liggen aan de glazen gevel. In de betonnen kern zijn toiletten, pantry's en liften geplaatst.

2 / Het hart van de vlindervormige plattegrond van het kantoorgebouw is uitgehold. Hierin bevinden zich twee verticale windturbines.

Duurzame architectuur: meer dan getallen / Sustainable architecture: more than numbers –
Glazen buffers / Glazed thermal buffers – Slimme gebouwen / Smart buildings –
Gebouwen als energieopwekkers / Buildings as energy generators –
Spannende, compacte steden / Exciting, compact cities

Architect / Architect

4 / 141

Future Systems

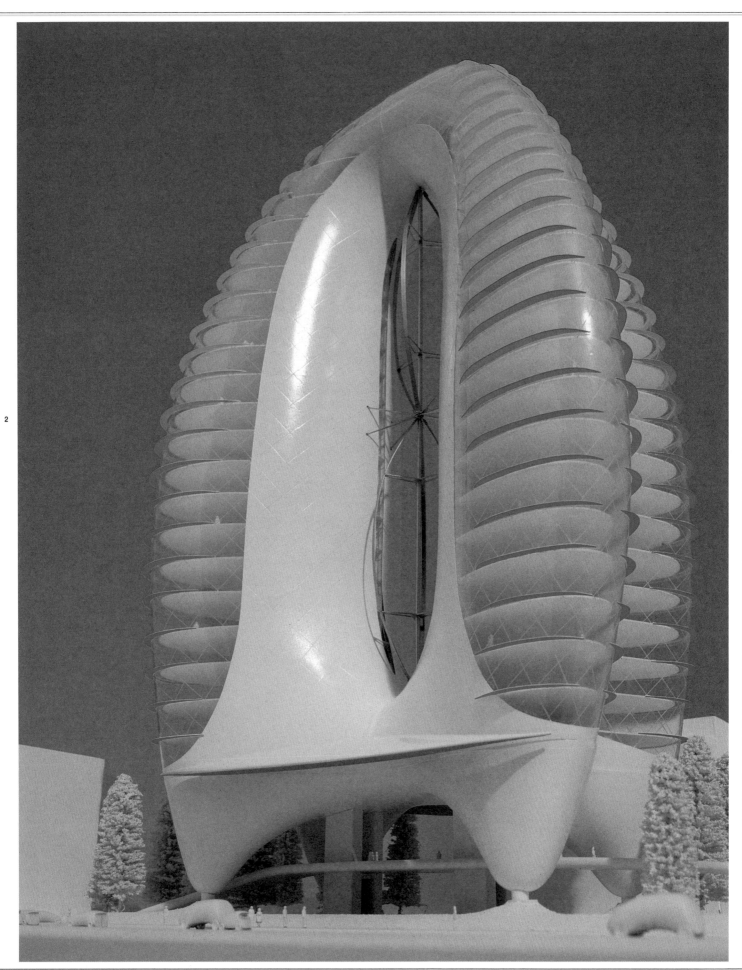

2

Duurzame architectuur / Sustainable architecture
Voorwoord / Preface
Inleiding / Introduction
Verantwoording / Credits

Project / Project
Kantoorgebouw ZED, Londen

4 / 142

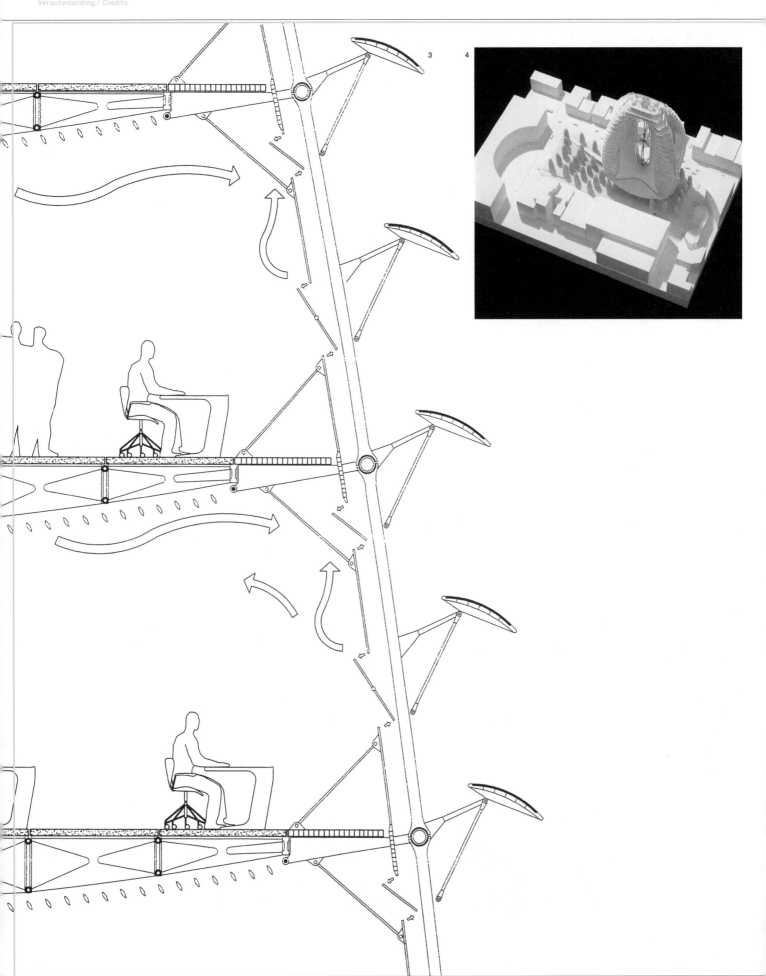

Duurzame architectuur: meer dan getallen / Sustainable architecture: more than numbers –
Glazen buffers / Glazed thermal buffers – Slimme gebouwen / Smart buildings –
Gebouwen als energieopwekkers / Buildings as energy generators –
Spannende, compacte steden / Exciting, compact cities

Architect / Architect
Future Systems

4 / 143

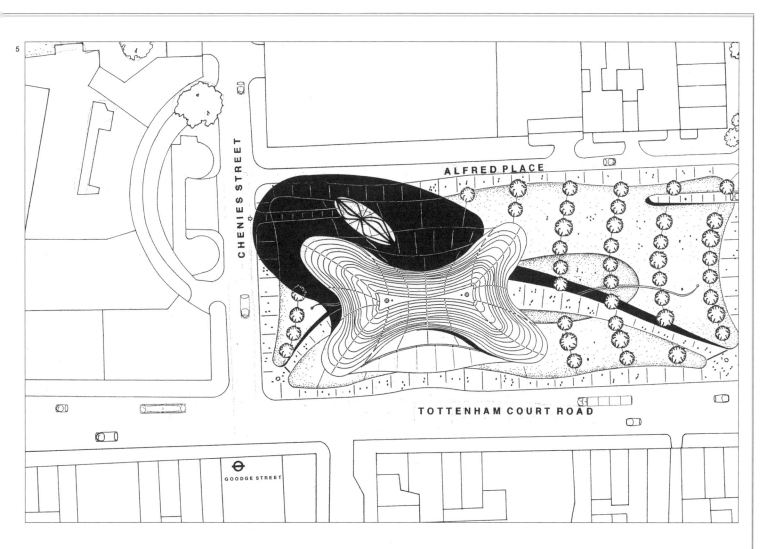

3 / Doorsnede dubbelehuidgevel. De zonneschermen zijn voorzien van fotovoltaïsche cellen.

4 / Het gebouw is zo in de omgeving geplaatst
dat er optimaal van de meest voorkomende wind
wordt geprofiteerd.

5 / Situatie. Behalve met de meest voorkomende
windrichting is ook met de schaduwwerking van
het gebouw rekening gehouden.

6 / Computersimulatie van de luchtbewegingen.

Duurzame architectuur / Sustainable architecture
Voorwoord / Preface
Inleiding / Introduction
Verantwoording / Credits

Project / Project

4 / 144

4.3 Voorlichtingscentrum OMV Raffinaderij, Schwechat (A)

Titel	Adviseur constructies	Ontwerp
Voorlichtingscentrum OMV	**Büro Dr. Fritze, Wenen**	**1996**
Raffinaderij, Schwechat	Adviseur bouwfysica	Vloeroppervlak
Architect	**Büro Dr. Schütz, Wenen**	**249 m²**
mFORM Greg Lynn + Michael McInturf,	**Siemens AG Austria, Wenen**	
Los Angeles		
Opdrachtgever		
OVM AG, Schwechat		

1

1 / De vorm van het gebouw is ontstaan door onder meer de stand van de zon en de beweging van het voorbijrazende verkeer als parameter in de computer in te voeren. Ook de schaduwwerking van de tanks vormde een van de ontwerpcriteria.

In dit paviljoen krijgen de bezoekers van de OMV Raffinaderij voorlichting over nieuwe, schone manieren om energie op te wekken.
Bij zijn ontwerp voor het voorlichtingscentrum heeft Greg Lynn zich laten leiden door in de computer ingevoerde parameters. Om de opbrengst van fotovoltaïsche cellen in de gevel te optimaliseren, was de baan van de zon één van de ontwerpparameters. Samen met de beweging van de voorbijrazende auto's op de weg naar Bratislava - een andere parameter - werd dit bepalend voor de uiteindelijke organische vorm van het paviljoen. Het computerprogramma was overigens dusdanig geïnstrueerd, dat de gevel zou inkrimpen wanneer er schaduw optrad en zou uitzetten wanneer zij werd beschenen.
Een brandstofcel is evenals de fotovoltaïsche cellen ingezet om energie op te wekken en maakt tegelijkertijd deel uit van de tentoonstelling in het gebouw. Om de brandstofcel te voeden met waterstof wordt onder meer zonne-energie gebruikt. In de cel wordt behalve waterstof ook lucht (zuurstof) ingebracht. Deze twee elementen worden door middel van elektrolyse omgezet in water, warmte en elektriciteit. De cel staat achter een doorschijnend scherm van de tentoonstelling waarop computeranimaties, stills en videosequenties worden getoond. Wordt het licht in de installatieruimte aangedaan, dan wordt het scherm transparant.

Duurzame architectuur: meer dan getallen / Sustainable architecture: more than numbers –
Glazen buffers / Glazed thermal buffers – Slimme gebouwen / Smart buildings –
Gebouwen als energieopwekkers / Buildings as energy generators –
Spannende, compacte steden / Exciting, compact cities

Architect / Architect

4 / **145**

mFORM Greg Lynn + Michael McInturf

Duurzame architectuur / Sustainable architecture
Voorwoord / Preface
Inleiding / Introduction
Verantwoording / Credits

Project / Project
Voorlichtingscentrum OMV Raffinaderij, Schwechat (Oostenrijk)

4 / 146

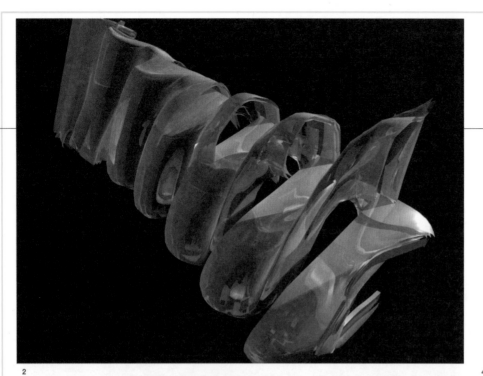

2

3

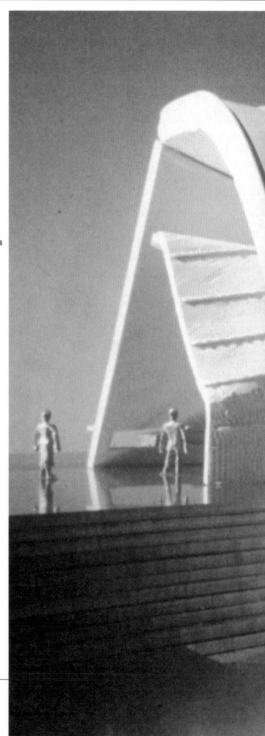

4

2 / Het plooien van de huid.

3 / De installaties vormen een belangrijk deel van de tentoonstelling. De brandstofcel bevindt zich achter een transparant scherm waarop video-beelden te zien zijn.

4 / Ingang tot het paviljoen.

Duurzame architectuur: meer dan getallen / Sustainable architecture: more than numbers –
Glazen buffers / Glazed thermal buffers – Slimme gebouwen / Smart buildings –
Gebouwen als energieopwekkers / Buildings as energy generators –
Spannende, compacte steden / Exciting, compact cities

Architect / Architect
mFORM Greg Lynn + Michael McInturf

4 / **147**

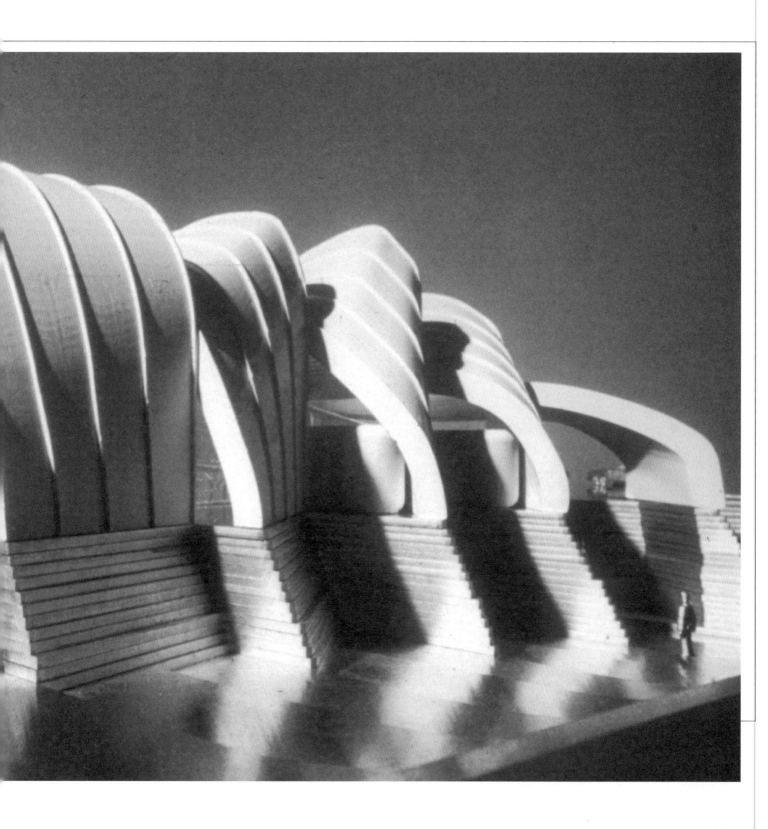

Duurzame architectuur: meer dan getallen / Sustainable architecture: more than numbers –
Glazen buffers / Glazed thermal buffers – Slimme gebouwen / Smart buildings –
Gebouwen als energieopwekkers / Buildings as energy generators –
Spannende, compacte steden / Exciting, compact cities

mFORM Greg Lynn + Michael McInturf

Duurzame architectuur / Sustainable architecture
Voorwoord / Preface
Inleiding / Introduction
Verantwoording / Credits

Project / Project

4 / 148

4.4 Paviljoen Expo 2000, Hannover (D)

Titel	Ontwerp
Nederlands paviljoen Expo 2000, Hannover	**1997**
Architect	
MVRDV, Rotterdam	
Opdrachtgever	
Stichting Nederland Wereldtentoonstellingen, Den Haag	

In de compacte gebouwen van MVRDV is vaak een groot aantal functies op elkaar gestapeld. Om Nederland leefbaar te houden, moeten volgens het bureau niet alleen de gebouwen maar ook het landschap worden 'geïntensiveerd'. Deze ontwerpvisie heeft MVRDV vertaald in het ontwerp voor het Nederlandse paviljoen voor de Expo 2000 in Hannover. Zij stapelden meerdere natuurvormen op elkaar en legden zo tevens de nadruk op de kunstmatigheid van de nieuwe natuur. Een groot deel van het paviljoenterrein zal door de stapeling van het gebouw leeg kunnen blijven. Behalve ruimte wordt dus eveneens energie en water bespaard.

De energiebesparing is echter relatief. Weliswaar staan op het dak van het paviljoen windmolens, is de tweede verdieping voorzien van gordijnen met fotovoltaïsche zonnecellen en wordt op de begane grond biomassa gekweekt en verbrand, maar het paviljoen verbruikt onmiddellijk alle energie die wordt opgewekt. De derde verdieping wordt namelijk door een luchtgordijn van de buitenlucht gescheiden, terwijl een luchtkoepel op de dakverdieping de regen tegenhoudt. Hiermee worden spannende, 'onzichtbare' scheidingen tussen binnen en buiten aangebracht, maar deze technieken verbruiken ook veel energie.

Water wordt net zo intensief gebruikt als energie. Het water sijpelt vanaf de fontein op het dak langzaam naar beneden, waarbij het op elke verdieping een andere verschijningsvorm en functie heeft. Het dient als gevel, maar wordt tevens gebruikt om het auditorium te koelen en de toiletten te spoelen. Rietvijvers zorgen ervoor dat het water gezuiverd weer naar de fontein kan worden teruggepompt.

1

Duurzame architectuur: meer dan getallen / Sustainable architecture: more than numbers –
Glazen buffers / Glazed thermal buffers – Slimme gebouwen / Smart buildings –
Gebouwen als energieopwekkers / Buildings as energy generators –
Spannende, compacte steden / Exciting, compact cities

Architect / Architect
MVRDV

4 / 149

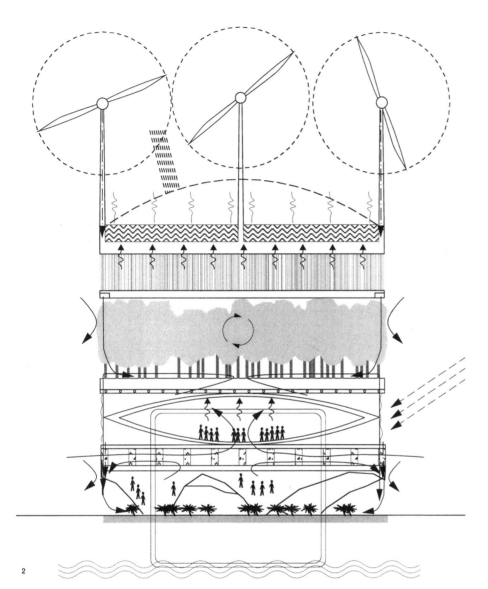

1 / In het Nederlandse paviljoen voor de Expo 2000 stapelde MVRDV een aantal landschappen op elkaar. Door het 'geïntensiveerde' landschap kon een groot deel van het terrein leeg blijven.

2 / In het paviljoen wordt op verschillende manieren energie opgewerkt. Op het paviljoen staan windmolens, er wordt biomassa verbrand en er zijn gordijnen met fotovoltaïsche cellen. Voor het instandhouden van de luchtkoepel en de luchtgordijnen wordt echter ook veel energie gebruikt.

3 / Het water wordt op iedere verdieping op een andere manier gebruikt.

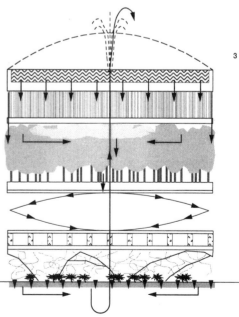

2

3

Duurzame architectuur / Sustainable architecture
Voorwoord / Preface
Inleiding / Introduction
Verantwoording / Credits

Project / Project

4 / 150

4.5 Renovatie kantoor Economische Zaken, Den Haag (NL)

Titel	Opdrachtgever	Ontwerp
Zonnestroomcentrale op gebouwen van het Ministerie van Economische Zaken, Den Haag	**Ministerie van VROM, Rijksgebouwendienst, Directie 's Gravenhage e.o.**	**1996**
Architect	Adviseur constructies	Oppervlakte gevel en dakvlak
Galis Architektenburo, Delft en Vera Galis (beeldend kunstenaar), Gorinchem	**D3BN Den Haag, Adviesburo** **D3BN Civiel Ingenieurs**	**2.251 m²**
	Adviseur bouwfysica	Oppervlakte fotovoltaïsche zonnecellen
	Ecofys advies en onderzoek, Utrecht	**677 m²**

De opdracht luidde om een toonaangevende en markante zonnekrachtcentrale van minimaal vijftig kilowatt (bij standaardbelichting) te ontwerpen, waarbij de twee bestaande gebouwen aan het Bezuidenhout in Den Haag als basis moesten dienen. Architect Babet Galis en zijn zuster, de beeldend kunstenaar Vera Galis, hebben aan deze vraag beantwoord door een fijnmazig kleed van staal met zonnecellen over de gebouwen heen te draperen. Doordat het glazen kleed zowel enkele meters voor de gevel als boven het dak is aangebracht, is er aan de voorzijde een hangende serre ontstaan en op het dak van het lagere gebouw een nieuwe ruimte die bijvoorbeeld als bedrijfsrestaurant of fitnessruimte kan gaan fungeren. Energetisch is de gekozen oplossing gunstig, want het glazen scherm houdt de wind weg bij de gevel van het gebouw.

Om het ontwerp daadwerkelijk op een kleed te laten lijken, is het belangrijk dat de zonnepanelen frameloos worden uitgevoerd. Gewoonlijk zijn zij gevat in aluminium frames, maar op die manier zouden de zonnepanelen afzonderlijke elementen gaan vormen. Op elk glazen paneel zijn 35 zonnecellen aangebracht van tien bij tien centimeter. Op het dak hebben de panelen een hogere dichtheid aan zonnecellen. De kabels die de opgewekte energie in het gebouw brengen, worden op de plek van bevestiging naar binnen gevoerd en verdwijnen zo uit het zicht. Verder hebben de ontwerpers antracietkleurige monokristallijne cellen gebruikt, omdat deze minder prominent zijn dan de gebruikelijke hardblauwe cellen. Wel is hun rendement lager.

Duurzame architectuur: meer dan getallen / Sustainable architecture: more than numbers –
Glazen buffers / Glazed thermal buffers – Slimme gebouwen / Smart buildings –
Gebouwen als energieopwekkers / Buildings as energy generators –
Spannende, compacte steden / Exciting, compact cities

Architect / Architect

4 / 151

Galis Architektenburo en beeldend kunstenaar Vera Galis

2

1 / Over de twee, vrij lelijke gebouwen van
Economische Zaken zijn fijn gedetailleerde
glazen schermen met zonnecellen opgehangen.
Er is zo een zonnekrachtcentrale ontstaan.

2 / Detail glazen scherm met zonnecellen.

Duurzame architectuur / Sustainable architecture
Voorwoord / Preface
Inleiding / Introduction
Verantwoording / Credits

Project / Project
Renovatie kantoor Economische Zaken, Den Haag

4 / 152

3 / De schermen voor het gebouw vormen hangende serres die een deel van de windlast van het
gebouw afhouden. De zonnecellen op de schermen wekken energie op en door de schermen
gebruikt het gebouw ook minder energie.
Op het dak zijn met de schermen extra ruimtes
gecreëerd.

26 / 03 / 1999 / 16:08

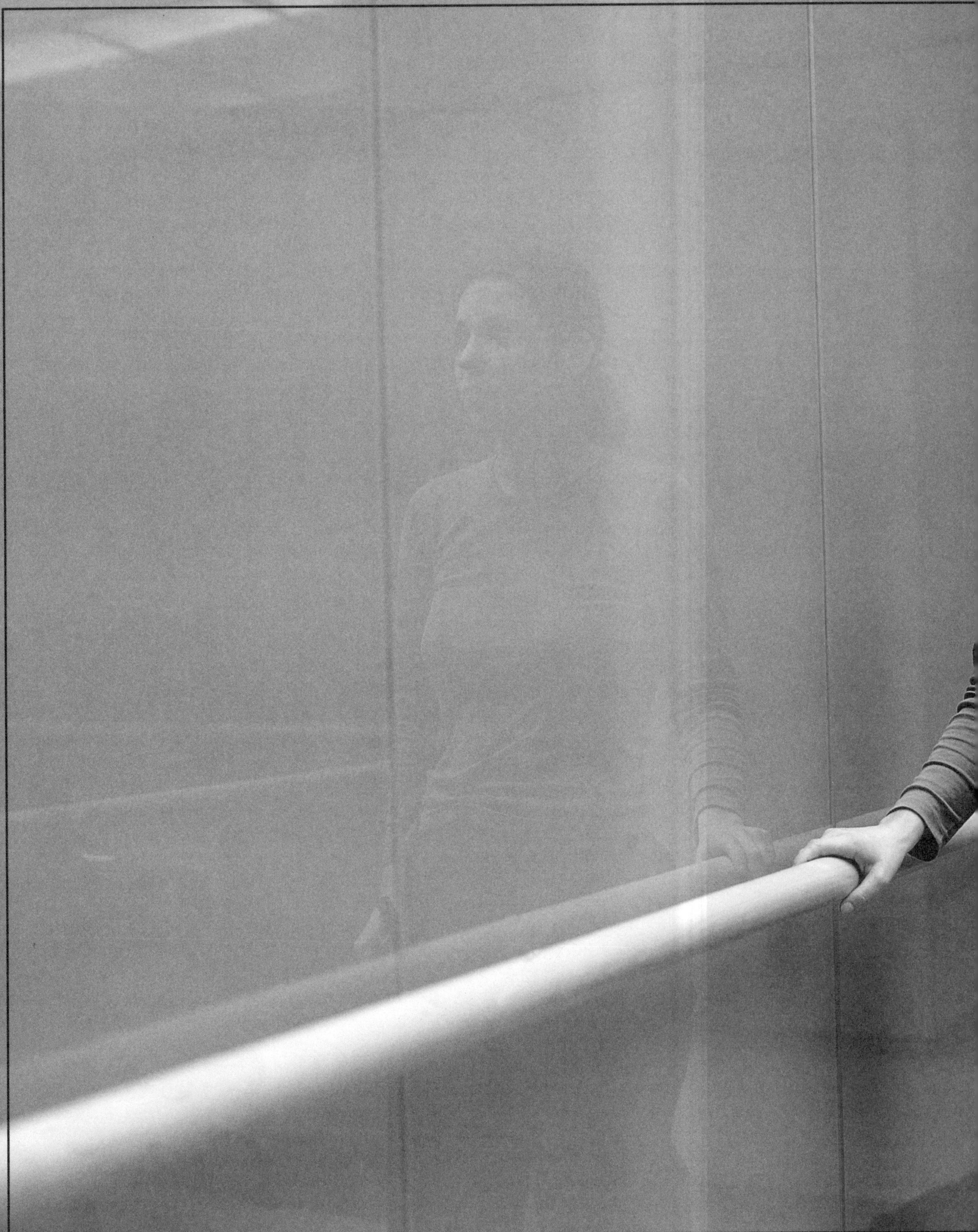

Duurzame architectuur / Sustainable architecture
Voorwoord / Preface
Inleiding / Introduction
Verantwoording / Credits

Project / Project

5 / **154**

5 SPANNENDE, COMPACTE STEDEN

SITE's versie van compacte bebouwing met vrijstaande suburban villa's.
Niet alleen gaf het Amerikaanse
bureau op deze manier een nutteloos
kantoorgebouw een nieuwe functie,
maar ook is een paradox opgelost: de
wens om een woning met een tuin te
hebben binnen de noodzakelijke
intensieve bebouwing.

Duurzame architectuur: meer dan getallen / Sustainable architecture: more than numbers –   Architect / Architect
Glazen buffers / Glazed thermal buffers – Slimme gebouwen / Smart buildings –
Gebouwen als energieopwekkers / Buildings as energy generators –
Spannende, compacte steden / Exciting, compact cities

5 / 155

Jacob van Rijs, MVRDV

'Nederland is veel te grijs. Als je er doorheen rijdt zie je overal bebouwing, maar de dichtheden zijn heel beperkt. Er wordt voortdurend beweerd dat Nederland vol is, die indruk ontstaat omdat er een hele dunne laag bebouwing over Nederland is gelegd. Vinex-wijken maken Nederland alleen maar grijzer. Vinex is kortetermijnpolitiek, iedereen wil optimaal profiteren van de conjunctuur en dus moet er snel gebouwd worden. Er ontstaan overal in Nederland identieke wijken met lage dichtheden.

Wij vinden dat de dichtheden vooral in grote steden moeten worden verhoogd. Er zijn voldoende braakliggende plekken in de stad. Door die te bebouwen ontstaan er contrasten in het landschap. Gebieden met hoge dichtheden worden afgewisseld met heel dun bebouwde gebieden: compacte naast lichte stedenbouw.

Met name in de omgeving van steden willen we lichte stedenbouw plaatsen. Dit landschap willen we niet belasten met een vaste infrastructuur, omdat infrastructuur een blijvende verstedelijking impliceert. Als een straat eenmaal is

Duurzame architectuur / Sustainable architecture
Voorwoord / Preface
Inleiding / Introduction
Verantwoording / Credits

Project / Project

5 / 156

aangelegd, of de leidingen zijn ingegraven, dan staat de functie van die plek tot in de lengte der dagen vast. Terwijl het misschien veel verstandiger is om die plek in de nabije toekomst een andere bestemming te geven. Bij lichte stedenbouw wordt de grond zoveel mogelijk ongemoeid gelaten.

Nederland is toch al heel slecht in het opruimen van nutteloze bebouwing. Als een gebouw na vijftig jaar gesloopt moet worden, vindt men het in Nederland zonde om de infrastructuur niet nog eens te gebruiken. Men zet er dus een nieuw gebouw neer. In de steden ontstaan hierdoor wonderlijke mengelingen van oud en nieuw die zelden of nooit goed uitpakken. Door die plekken juist niet opnieuw te bebouwen, maar er bomen te planten, worden de resterende woonblokken, in plaats van nogal armoedige blokken in een armoedige wijk, ineens een soort landhuizen in het groen.'

Nieuw Sloten, in Amsterdam. Een typische Nederlandse nieuw-bouwwijk.

Ruimte wordt net zo schaars als energie en materialen, en misschien zelfs schaarser. In de energie-vraag zal over enkele decennia voorzien worden door sterk verbeterde en goedkope zonnecellen. Nanotechnologie zal het mogelijk maken om de eigenschappen van materialen naar behoefte aan te passen. Voor ruimte is er echter nog geen alternatief en dat terwijl de wereldbevolking - zowel in de ontwikkelingslanden als in het westen - nog altijd snel groeit.

In Nederland bijvoorbeeld, zullen voor het jaar 2015 een miljoen nieuwe huizen moeten worden gebouwd. Deze vraag ontstaat door de toename van immigranten en doordat de huishoudens kleiner worden (vergrijzing en jongeren die vroeger zelf-standig gaan wonen). Om de economie groeiende

Duurzame architectuur: meer dan getallen / Sustainable architecture: more than numbers –   Architect / Architect
Glazen buffers / Glazed thermal buffers – Slimme gebouwen / Smart buildings –
Gebouwen als energieopwekkers / Buildings as energy generators –
Spannende, compacte steden / Exciting, compact cities

5 / **157**

te houden - ondanks zichtbare negatieve neveneffecten schijnt iedereen hier nog steeds naar te streven - zullen bovendien grote infrastructurele werken moeten worden verricht. Voor de Betuwelijn, de HSL-lijn, de verbreding van autowegen en een eventueel nieuw vliegveld moet dus eveneens ruimte worden gevonden. Tegelijkertijd moet Nederland ter compensatie van de bouwzucht groener worden.

Ondanks de schaarste wordt er niet bepaald voorzichtig met ruimte omgesprongen. De Vierde Nota Ruimtelijke Ordening Extra (Vinex) stelt dat de nieuw te bouwen woningen, geconcentreerd moeten worden ondergebracht in uitbreidingen van bestaande steden. De compactheid blijft tot op heden evenwel steken op gemiddeld 35 woningen per hectare. Dit is onvoldoende om de voordelen van compacte stedenbouw uit te buiten en dat terwijl er in Nederland de laatste jaren inspirerende studies naar werkelijk hoge dichtheden zijn verricht.

Zo introduceerde het bureau van Rem Koolhaas, het Office for Metropolitan Architecture (OMA), tijdens Air Alexander (1995) Zuidstad en Puntstad. Zuidstad heeft de dichtheid van Los Angeles. De Nederlandse bevolking kan daardoor samengeperst worden in delen van de provincies Zeeland, Noord-Brabant en Zuid-Limburg. Puntstad heeft de dichtheid van Manhattan en wordt door OMA in het Groene Hart gesitueerd. Vanwege de dichtheid kan de rest van Nederland - op de vier grote steden na, die als een toeristische attractie rondom de nieuwe megastad liggen - worden teruggegeven aan de natuur. Koolhaas toont met dit onderzoek vooral aan hoe betrekkelijk het begrip dichtheid is. De Randstad is weliswaar een van de dichtst bevolkte gebieden ter wereld, maar als er op globaal niveau wordt gekeken, is Nederland eigenlijk één grote stad met een lage dichtheid.

Winy Maas en Jacob van Rijs, die samen met Nathalie de Vries het architectenbureau MVRDV hebben opgericht, werkten ten tijde van de Air-Alexanderprijsvraag nog bij OMA. Zij hebben het onderzoek naar gebieden met grote dichtheden voortgezet en de resultaten hiervan gepresenteerd in hun in 1998 verschenen boek *FARMAX* (Floor Area Ratio Maximum). In tegenstelling tot Koolhaas richten zij zich meer op verdichting van de bestaande steden. Aan dit opvullen van lege plekken binnen een stad zijn altijd randvoorwaarden verbonden. Bergen op Zoom bijvoorbeeld, wil tegen de stadsgrens een nieuwe wijk bouwen, waarvoor een redelijk ongerept stuk landschap

Puntstad heeft de dichtheid van Manhattan. In dit plan stelt OMA voor om de hele Nederlandse bevolking onder te brengen in één megastad. De rest van Nederland is dan leeg, behalve de historische kernen van de vier grote steden.

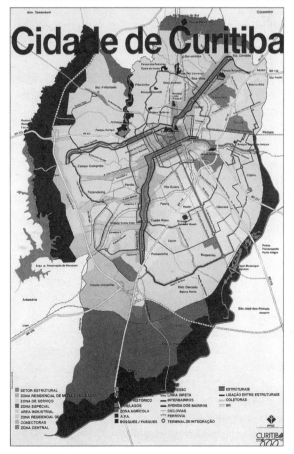

Met name door het vernuftige openbaarvervoersysteem geldt Curitiba in Brazilië nog altijd als het voorbeeld van een ecologisch verantwoorde stad. Iedereen wordt gestimuleerd om er gebruik van te maken omdat de loopafstanden gering en de kosten laag zijn.

Duurzame architectuur / Sustainable architecture
Voorwoord / Preface
Inleiding / Introduction
Verantwoording / Credits

Project / Project

5 / 158

Juurlink en Geluk hebben in hun studie *Hybride Velden voor de Randstad* gebieden met verschillende dichtheden gecreëerd. Behalve de verschillende atmosferen die zijn ontstaan, is er in het plangebied ook ruimte voor een echt bos en een echt meer.

moet wijken. MVRDV stelde voor om in plaats daarvan een plein ten zuiden van het station met een dusdanige dichtheid te bebouwen, dat het verleggen van de stadsgrenzen niet langer nodig is. De door de gemeente gestelde randvoorwaarde was, dat de nieuwe bebouwing niet vanuit de historische stad te zien zou zijn. Voor de vorm van de bebouwing nam het bureau de zichtlijnen vanuit de hoofdstraat als uitgangspunt, hierdoor ontstond er een bizarre vorm, die inderdaad niet vanuit het centrum zichtbaar zal zijn.

Een van de duurzame voordelen van dergelijke compact gebouwde gebieden is dat openbaarvervoerlijnen door de hoge bevolkingsconcentratie op een rendabele manier kunnen worden onderhouden (de Vinex-dichtheid bijvoorbeeld is hiervoor volgens het Rathenau Instituut te laag).

De Engelse adviseurs Guy Battle en Christopher McCarthy stellen dat, om een redelijk alternatief voor de auto te vormen, de prijs van het openbaar vervoer gunstig moet zijn en dat de loopafstand tussen de haltes maximaal tussen de 150 en 300 meter mag bedragen. Hun openbaarvervoernet bestaat uit snelle treinen die grote afstanden overbruggen en bussen en trams die de ruimte tussen deze stations bedienen. Daarnaast willen zij lopen en fietsen stimuleren door de drempel voor het autogebruik te verhogen: een geringe hoeveelheid parkeerplaatsen of centraal gelegen parkeer-

garages met lange loopafstanden als gevolg, snelheidsbeperkingen en een wegenstelsel dat alleen door fietsers en wandelaars kan worden benut.

In het Braziliaanse Curitiba, nog altijd het belangrijkste voorbeeld van een ecologische stad, is de kracht van goed functionerend openbaar vervoer zichtbaar. Deze stad kent vier hoofdassen die het historische centrum met de buitenwijken verbinden. Over deze assen zijn corridors aangebracht voor de 25 meter lange bussen waarin maar liefst 270 passagiers kunnen plaatsnemen. Rondom deze assen is verstedelijking gepland en is een vertakt netwerk van aanvoerlijnen aangelegd. Daarnaast is er een tangentiaal busnetwerk, dat in vier cirkels de wijken met elkaar verbindt. De bewoners hoeven hierdoor nooit lange afstanden te lopen en nooit lang te wachten; elke anderhalve minuut stopt er een expresbus. Er wordt massaal gebruikgemaakt van het openbaar vervoer, niet in de laatste plaats omdat het uiterst goedkoop en dus voor iedereen toegankelijk is.

GROENE ZONES

De compacte stad biedt ook de mogelijkheid om fietsers en wandelaars te beschutten tegen wind en regen. Daarbij is het belangrijk dat deze paden aangename, groene routes zijn. Mensen vinden het nu eenmaal prettiger om door een parkachtige omgeving te lopen of te fietsen dan door een woonwijk.

De Vereniging van Nederlandse Gemeenten (VNG) stelt evenwel dat door de compacte stedenbouw het groen uit de steden wordt gedrukt. Daar staat tegenover dat dicht bebouwde gebieden ook grote plekken open laten voor een landschappelijke omgeving. De studie *Hybride velden voor de Randstad* van Cor Geluk en Huub Juurlink toont dit aan. Geluk en Juurlink zijn hierbij uitgegaan van de dichtheidsnorm van Vinex-locaties: 35 woningen per hectare. Zij streven in hun fictieve wijk echter niet naar een gemiddelde dichtheid, maar bieden binnen één plan een scala aan mogelijkheden en woondiversiteit. Hun wijk heeft het verdubbelde programma van de grootste Vinex-wijk, LeidscheRijn, in een gebied ter grootte van het Groene Hart. Hierop leggen zij een tiental hybride velden neer: balkonmetropool, sportstad, villaveld en mengvormen, kantorenplantage, dozenland, gammaboulevard, Hollandse plas, landgoed en parkbos. Door een aantal gebieden met extreem hoge dichtheden te introduceren, zoals de balkonmetropool (120 woningen/ha) en de compacte sportstad (50 woningen/ha), creëren zij ruimte voor landschappen met afmetingen die overeenkomen

Duurzame architectuur: meer dan getallen / Sustainable architecture: more than numbers –
Glazen buffers / Glazed thermal buffers – Slimme gebouwen / Smart buildings –
Gebouwen als energieopwekkers / Buildings as energy generators –
Spannende, compacte steden / Exciting, compact cities

5 / 159

met de typologie: op de plas is het mogelijk om te zeilen en in het bos kun je verdwalen. Daarnaast kunnen gebieden worden aangelegd met lage woningdichtheden. Verschillende studies hebben aangetoond dat er behalve aan goedkopere woningen ook een grote behoefte bestaat aan vrijstaande woningen.

STEDELIJKE ENCLAVE

Op het GWL-terrein in Amsterdam (1998) realiseerde Kees Christiaanse veel ruimte voor groen door een dichtheid van rond de honderd woningen per hectare toe te passen. Dit plan kan overigens niet als een zuiver voorbeeld van compacte stedenbouw worden gezien, omdat het niet is gekoppeld aan een infrastructuur. Harm Tilman omschrijft het als een netwerkstad, waarbij de gebouwen zijn losgetrokken van de infrastructuur. Het terrein wordt in het noorden afgeschermd door een negen verdiepingen hoog blok van Christiaanse en in het westen door een woningwand ontworpen door DKV Architekten. In het tussengelegen gebied liggen de woonblokken vrij in de ruimte, waarbij tussen de blokken tuinen, volkstuinen en speelplaatsen voor verschillende leeftijden zijn aangelegd. Deze voorzieningen worden in het maaiveldontwerp van West 8 door middel van ligusterhagen samengevoegd tot eilanden. Het vele groen en de verspreide woningblokken geven dit duurzame voorbeeldproject een aangename sfeer. Daarnaast kent de wijk door de verschillende woningtypen en -categorieën een gezonde sociale mix.

Het plan kent echter ook een aantal minder goede kanten. Het parkeerprobleem is bijvoorbeeld niet opgelost door Christiaanse. De wijk is autoluw en dat is prettig. Voor de auto's van de bewoners zijn er geen parkeerplaatsen. De bewoners moeten hun auto's derhalve in de omliggende wijken parkeren en veroorzaken daar dus overlast.

Een laatste nadeel is dat de wijk vrij monofunctioneel is geworden. Er zijn geen voorzieningen en slechts enkele bedrijfsruimtes in het plan opgenomen. Niet alleen moeten de bewoners verplicht reizen om bij hun werk te komen, ook is de wijk overdag uitgestorven. Met andere woorden, de aangename wijk wordt slechts een deel van de dag gebruikt.

Het stedenbouwkundig plan van OMA voor de prijsvraag voor Meerhoven (1993) is wat dit betreft rijker, maar het plangebied is dan ook wel wat groter. Het gebied ligt ingeklemd tussen Airport Eindhoven en een snelweg. Beide veroorzaken veel

Voor Borneo Sporenburg in Amsterdam ontwierp West 8 een stedenbouwkundige plan waarin met grondgebonden patio-woningen een extreem hoge dichtheid werd bereikt. De omgeving - het plan is gesitueerd op een schiereiland in het IJ - zorgt voor een prettig woonklimaat.

In het stedenbouwkundigplan van B+B voor een Vinexlokatie bij Cuijk zijn grote appartementengebouwen gecombineerd met vrijstaande villa's. De afmetingen van de kavels variëren sterk en daardoor kunnen er ook relatief goedkope villa's gebouwd worden. De vrijstaande woningen liggen in het groen. Dat is prettig voor de villabewoners en ook de bewoners van de appartementen hebben een aardig uitzicht.

Duurzame architectuur / Sustainable architecture
Voorwoord / Preface
Inleiding / Introduction
Verantwoording / Credits

Project / Project

5 / **160**

geluidsoverlast, reden voor de gemeente om eisen te stellen met betrekking tot de toelaatbare hoeveelheid overlast. OMA negeerde deze eisen en stelde voor om vlak bij het vliegveld woningen te plaatsen, die ter compensatie van het lawaai veel grotere kavels zouden krijgen. Door deze plekken te benutten, ontstond elders in de wijk ruimte voor een groot park en kon OMA midden in de wijk loodsen en andere bedrijfsgebouwen plaatsen. De woonwijk zou daardoor overdag bedrijvig zijn en de woon-werkafstand werd tot het absolute minimum teruggebracht. OMA heeft deze prijsvraag niet gewonnen.

CYCLI

Alleen compacte wijken kunnen cyclische gemeenschappen worden. Steden gebruiken goederen tot nu toe op lineaire wijze. Er komen producten van elders binnen en na verwerkt of gebruikt te zijn, wordt het afval naar andere gebieden afgevoerd. De mate waarin de stad afhankelijk is van die gebieden, wordt bepaald door de ecologische voetafdruk. Deze berekent het ruimtebeslag op het niveau van land, stad, huishouden of persoon. Hierbij wordt niet alleen rekening gehouden met het directe ruimtegebruik door bebouwing en infrastructuur, maar ook met de ruimte die nodig is voor het gebruik van grondstoffen en de compensatie van CO_2-uitstoot door fossiele energie. Het werkelijke ruimtegebruik in ons land is op die manier gezien veertien keer zo groot als Nederland zelf. Een stad als Londen gebruikt zelfs 125 keer zijn eigen oppervlakte. Door het verkleinen van de ecologische voetafdruk, wordt voorkomen dat milieuproblemen op andere gebieden worden afgewenteld, oftewel door lokaal maatregelen te nemen wordt de globale milieudruk verminderd.

De compacte en functioneel gedifferentieerde stad blijkt beter te zijn ingesteld op het verkleinen van de ecologische voetafdruk. In de eerste plaats kunnen hier op rendabele wijze energiewinningsinstallaties worden ingezet, die gebruikmaken van niet-fossiele brandstoffen. Gebouwen moeten uiteraard wel zo zijn ontworpen, dat ze de voordelen van het lokale klimaat kunnen uitbuiten. Zoals gesteld in de vorige hoofdstukken, worden ze alleen dan energiezuiniger. Tegelijkertijd zullen de gebouwen op passieve en actieve wijze gebruik moeten maken van zonne-energie. De overdag opgewekte energie kan worden opgeslagen en later weer worden gebruikt of zij kan worden verkocht aan bijvoorbeeld nabijgelegen industrieën.

's Avonds wordt de door machines opgewekte warmte, die normaal gesproken in de atmosfeer verdwijnt, teruggekocht. Verder kunnen windmolens en installaties om biomassa te verbranden, in intensief bewoonde gebieden op winstgevende wijze energie produceren.

Overigens gebruiken compacte steden sowieso minder energie dan 'gewone' steden. Dit ligt voor de hand, want door de gebouwen dicht op elkaar te zetten, wordt de windaanval gebroken. Er ontstaan gebieden met een windluw microklimaat, waar het net even warmer is dan elders. De altijd aanwezige beschermende luchtlaag om de gebouwen zorgt er tevens voor dat in de gebouwen minder snel warmte verloren gaat. In dichte steden met een goed openbaarvervoernet zal bovendien minder energie worden gebruikt, omdat men zich minder met de auto verplaatst. Enerzijds omdat dit onhandig is (veel files), anderzijds omdat de afstanden beloopbaar zijn.

Voor het recyclen van water geldt eveneens dat de compacte stad een kleinere ecologische voetafdruk kan hebben. In compacte steden kunnen meer en betere voorzieningen worden aangebracht om op een effectieve wijze met water om te gaan. Dit is noodzakelijk omdat schoon, zoet water een schaars goed wordt en dat in grote delen van de wereld zelfs al is. Hoewel er vrijwel overal voldoende regenwater valt om de jaarlijkse behoefte te dekken, ontbreken vaak de voorzieningen om dit water op te slaan voor de droge seizoenen.

In het stedenbouwkundige plan van Richard Rogers voor het dorp ParcBIT op Mallorca (1993), wordt hiervoor een oplossing geboden door het regenwater naar ondergrondse tanks te leiden, zodat verdamping wordt voorkomen. Gedurende de hete zomers kan dit water worden gebruikt om het land te irrigeren. Het 'grijze' water, het uit de woningen afkomstige drink- en waswater, wordt in Rogers' ontwerp opgeslagen in rietvijvers die het water zuiveren.

In Nederland spelen andere problemen. Het regent hier het hele jaar meer dan voldoende. Omdat steeds grotere delen van het land verhard zijn, komt het regenwater echter niet meer in de grond terecht, maar in de riolering die dit redelijk schone water direct afvoert. De grond droogt vervolgens uit en bomen en planten sterven af. Het infiltreren van regenwater in de bodem moet daarom mogelijk blijven.

Daarnaast doet zich het probleem voor, dat 50 procent van de totale hoeveelheid schoon water oneigenlijk wordt gebruikt, bijvoorbeeld voor het wassen van auto's. Slechts 3 procent wordt gebruikt voor consumptie. Regenwater zou

Duurzame architectuur: meer dan getallen / Sustainable architecture: more than numbers –   Architect / Architect –
Glazen buffers / Glazed thermal buffers – Slimme gebouwen / Smart buildings –
Gebouwen als energieopwekkers / Buildings as energy generators –
Spannende, compacte steden / Exciting, compact cities

5 / **161**

moeten worden opgeslagen in tanks om onder meer voor toiletspoeling of voor het wassen te worden gebruikt. Ook het door middel van rietvijvers gezuiverde grijze water zou hiervoor moeten worden benut.

Zoals onder andere de studie van Geluk en Juurlink laat zien bieden compacte steden de ruimte voor vijvers, plassen en sloten van enig formaat. Deze voorkomen dat de grond uitdroogt en ook kan regenwater opgeslagen worden. Maar behalve zuiver ecologische redenen, hebben deze waterpartijen het voordeel dat zij de atmosfeer in een woongebied verrijken. In de eerste plaats direct - veel mensen willen graag aan het water wonen - en in de tweede plaats omdat er door verdamping van het water in de nabijheid een microklimaat ontstaat. In de warme zomers zullen gebouwen die vlak bij het water staan derhalve minder gekoeld hoeven te worden.

Het afval ten slotte, kan lokaal met behulp van warmte-krachtcentrales worden verbrand. Dit levert zowel elektriciteit als warm water op. Door de korte afstanden in de compacte stad kan deze energie effectief gebruikt worden.

Het laatste voordeel van de compacte stad met betrekking tot de ecologische voetafdruk is het intensieve grondgebruik. In plaats van een *floor area* ratio van 0,7, wat normaal is in Nederland, wordt in compacte steden de grond veel intensiever gebruikt. (Inmiddels wordt de ruimte boven wegen wel gebruikt voor kantoren en hotels, maar dit blijven incidenten.)

In dit kader is het stedenbouwkundig plan City Fruitful (Dordrecht, 1992) van KuiperCompagnons en Kas Oosterhuis Associates interessant. Hierin worden woningbouw en glastuinbouw op verschillende manieren aan elkaar gekoppeld. In het project Dubbele Bodem, een onderdeel van het stedenbouwkundig plan, zijn bijvoorbeeld de kassen bovenop de woningen geplaatst. Hierdoor is er in de eerste plaats sprake van intensief grondgebruik. Maar even belangrijk is dat woningen op deze manier kunnen worden verwarmd met de restwarmte uit de kassen. Woningen gebruiken in het algemeen een kwart van het totale energiegebruik en glastuinbouw is een van de meest energie-intensieve agrarische takken. Door kassen bovenop woningen te plaatsen, zorgt de laag aarde en de glazen constructie in de winter voor extra isolatie en profiteert de woning in de zomer van de schaduw door de beplanting. Tegelijkertijd zetten de planten in de kassen het in de woningen geproduceerde CO₂ om in zuurstof. In dit plan worden echter niet alleen energie en grond dubbel

Het ontwerp van Eduard François voor een vergadercentrum bestaat vrijwel alleen uit een opgetild stuk landschap.

gebruikt, er is ook een watercyclus bedacht waarbij regenwater ter bevloeiing van de planten wordt gebruikt en de wijk voorziet deels in haar eigen voedselbehoefte.

Compacte steden zijn dus ecologisch vriendelijker dan (Vinex) woonwijken die over een groot gebied zijn uitgespreid. Maar zijn compacte steden ook duurzaam?

Ze voldoen in ieder geval aan een aantal karakteristieken die veroorzaken dat ze lange tijd aangenaam zijn. Zo zijn ze per definitie sociaal gedifferentieerd: sociale woningbouw, duurdere appartementen en koopwoningen staan gezamenlijk op een relatief klein gebied. Daarnaast is er het multifunctionele aspect. In de compacte stad staan

De gelaagde opbouw van een wijk. De architecten Nirjic en Nirjic wonnen met dit ontwerp de Europanprijsvraag voor een wijk in Den Bosch.

Duurzame architectuur / Sustainable architecture
Voorwoord / Preface
Inleiding / Introduction
Verantwoording / Credits

Project / Project

5 / 162

Wytze Patijn, Rijksbouwmeester

'Duurzaam bouwen in Nederland bestaat uit regels en regels beperken per defenitie. Wil je duurzaam bouwen echt stimuleren dan zal de regelgeving echter nog veel strenger moeten worden, Men zal zich dus aan een veel lagere Energieprestatiecoëfficiënt (EPC) moeten houden. Deze EPC zal ook voor de utiliteitsbouw gelden. Kantoorbouwers beweren dat ze zich daar onmogelijk aan kunnen houden, maar dat lijkt me onzin. Hun bewering zal wel te maken hebben met de grote belangen die bij kantoorbouw gemoeid zijn. Bij woningbouw heeft de overheid een grote macht. Zij kan daarbij heel gericht eisen stellen en experimenten laten uitvoeren. Bij kantoorbouw heeft de overheid geen macht en bovendien is zij heel voorzichtig, om het bedrijfsleven niet te frustreren. Als wij te strenge eisen opleggen, dan zal Economische Zaken ons waarschijnlijk vragen of het wat minder kan. Door te veel regels worden potentiële investeerders afgeschrikt. Als overheid moet je heel voorzichtig zijn, maar er zullen desalnietemin strengere regels moeten komen. De bouwsector zelf neemt immers nauwelijks enig inititatief om te investeren in duurzaam bouwen. Misschien komt dat wel omdat bedrijven zo vaak hun kantoor verhuizen.

Architecten zouden die regels als een uitdaging moeten opvatten en de beperkingen moeten omzetten in mogelijkheden. Ik had zo langzamerhand wel wat meer creativiteit van architecten verwacht, maar duurzaam bouwen blijft toch erg in een bepaalde hoek zitten. Als Rijksbouwmeester heb ik daarom meervoudige opdrachten uitgeschreven, bijvoorbeeld voor de gebouwen van Rijkswaterstaat in Terneuzen en IJmuiden, en hiervoor toparchitecten uitgenodigd. In Terneuzen heeft het bureau Opmaat de prijsvraag gewonnen. In hun ontwerp wordt zo weinig mogelijk techniek toegepast. Ik ben niet tegen techniek, maar des te minder, des te beter natuurlijk. Ik ben benieuwd hoe dit gebouw gaat functioneren. Ik heb zo mijn twijfels. Thuis trekken we een trui aan als we het koud hebben en een t-shirt als het te warm is. Op kantoor is dat veel minder normaal. We verwachten dat het klimaat binnen een gebouw min of meer ideaal is. Bovendien heeft iedereen andere wensen. De een wil een raam openzetten, terwijl zijn kamergenoot het juist koud heeft. Ik vraag me af of we echt zitten te wachten op natuurlijk geklimatiseerde gebouwen. Om in die gebouwen te werken moet het

Duurzame architectuur: meer dan getallen / Sustainable architecture: more than numbers –   Architect / Architect
Glazen buffers / Glazed thermal buffers – Slimme gebouwen / Smart buildings –
Gebouwen als energieopwekkers / Buildings as energy generators –
Spannende, compacte steden / Exciting, compact cities

5 / **163**

werkklimaat niet alleen letterlijk, maar ook figuurlijk veranderen. De mensen die er werken moeten een andere instelling krijgen.

De Rijksgebouwendienst is een van de grootste gebouwen-eigenaren van Nederland. In de jaren zestig en zeventig hebben wij heel wat lelijke gebouwen neergezet. We zijn nu strategieën aan het ontwerpen om deze gebouwen op een zinnige manier te hergebruiken. Ook hiervoor kies ik zo veel mogelijk de creatieve architecten. Michael Graves, de architect van het nieuwe Ministerie van OC & W in Den Haag, vind ik nog altijd een goed voorbeeld, al kunnen we uiteraard niet heel Nederland met deze postmoderne architectuur volbouwen.

Theoretisch zou je een kantoor zodanig moeten ontwerpen, dat het later op een andere manier gebruikt kan worden. Dan verleng je het leven van een gebouw. In de praktijk blijkt dat echter lastig. Je weet niet welke functie het gebouw later zal gaan krijgen. Het programma wordt dus verschrikkelijk complex. Je moet de plattegrond zo maken en de materialen zo kiezen dat alle mogelijkheden open blijven. Dat is behalve enorm ingewikkeld ook nog waanzinnig duur en dus verspilling van energie en geld. Het is namelijk niet voorspelbaar of de juiste keuzes gemaakt zijn en of er van de beschikbare mogelijkheden gebruik gemaakt gaat worden.

Overmaat vind ik wel geslaagd in ontwerpen. Als gebouwen grotere plattegronden, hogere plafonds en grotere openbare ruimtes hebben, zijn ze vanzelf flexibeler.'

niet alleen woningen, maar er zijn ook bedrijfsge-bouwen, kantoorpanden en loodsen. De woonwijk en het bedrijvenpark smelten samen tot een gebied dat 24 uur per dag, zeven dagen per week in gebruik is, waarbij de bedrijven een ander soort activiteit genereren dan de woningen en waar dus afwisseling ontstaat. Verder kunnen door de con-centratie binnen de compacte stad voorzieningen van formaat worden aangebracht, zoals een win-kelcentrum, een bioscoop en een theater. Ten slotte kan er meer groen en recreatieruimte worden geïn-tegreerd. In deze groene gebieden kan men rust vinden; beplanting en water scheppen een eigen atmosfeer. Bovendien hoeven mensen niet lang te reizen om te recreëren. Kortom, de compacte stad heeft een spannende gelaagdheid en dat maakt een stad duurzamer.

FLEXIBILITEIT

Behalve aangenaam is een duurzame stad flexibel. De woningen moeten dusdanige afmetingen krijgen dat zij ook andere functies kunnen herber-gen. Hetzelfde geldt voor bijvoorbeeld kantoren en scholen. Gebouwen moeten derhalve worden overgedimensioneerd om duurzame architectuur op te leveren. Het extra materiaalgebruik dat hier-voor nodig is, moet voor lief worden genomen. Een tweede reden om ruimtes te overdimensioneren, is dat mensen het prettiger vinden om in grote, hoge ruimtes te wonen en te werken.

Overdimensionering en daarmee flexibiliteit zorgen ervoor dat de wijk kan veranderen en niet snel zal vervelen. Het gevolg is dat de planning op een dergelijke wijk minder grip heeft: de tijd legt

Duurzame architectuur / Sustainable architecture
Voorwoord / Preface
Inleiding / Introduction
Verantwoording / Credits

Project / Project

5 / 164

Om het energiegebruik te verminderen en daardoor de luchtvervuiling terug te dringen, plaatste Buckminster Fuller Manhattan onder een gigantische koepel.
De enorme straal van de koepel zorgt ervoor dat de stalen constructie vrijwel uit het zicht verdwijnt en men zich niet opgesloten voelt. De luchtstromen die in de koepel ontstaan zouden volgens Buckminster Fuller ook 's zomers voor een aangenaam microklimaat zorgen.

een nieuwe laag over deze wijken. Voorbeelden uit het verleden zijn de *crescents* in Londen en de grachtenpanden in Amsterdam, Delft en Leiden. Deze tonen aan dat bij overmaatse woningen de sfeer zich aanpast aan de in de loop des tijds veranderende functie.

Het Amerikaanse architectenbureau SITE heeft in het project High Rise Homes (New York, 1981) laten zien wat voor soort woningen overbodige kantoorgebouwen kunnen opleveren. Van een van de vele leegstaande kantoorgebouwen in New York stripte zij de gevel en plaatste in de opengewerkte etages suburban-achtige, vrijstaande villa's. Daarmee plaatste SITE woningen in een met kantoren volgebouwd centrum en loste tegelijkertijd een paradox op: de wens om een woning met een tuin te hebben binnen de noodzakelijke compacte stedenbouw.

In het gigantische IBA-Emscherpark rondom Essen worden oude industriële installaties hergebruikt. Dit project heeft tot doel, het na de sluiting

van de mijnen en zware industrie verloederde gebied een nieuw aanzien te geven. Hiertoe worden architectonisch en ecologisch gezien zeer interessante gebouwen als nieuwe bakens in het landschap geplaatst, bijvoorbeeld het eerdergenoemde Opleidingscentrum van Jourda, het Micro-elektronicpark van Foster en het Wetenschapscentrum Rheinelbe van Uwe Kiessler + Partner (1997). Dit betekent niet dat de mijninstallaties, hoogovens en gasometers allemaal worden gesloopt: de mooiste blijven staan als herinnering aan het verleden. Samen met de verspreide woningbouw krijgt het gebied door deze ingrepen een fascinerende gelaagdheid. Het spannendste voorbeeld van hergebruik in het IBA-Emscherpark is het project van Peter Latz. Van een voormalig industrieterrein heeft hij een park (1997) gemaakt, waarvan de oorspronkelijke, nu roestige installaties een onderdeel vormen, als ware het kunst.

Duurzame architectuur: meer dan getallen / Sustainable architecture: more than numbers – Architect / Architect
Glazen buffers / Glazed thermal buffers – Slimme gebouwen / Smart buildings –
Gebouwen als energieopwekkers / Buildings as energy generators –
Spannende, compacte steden / Exciting, compact cities

5 / **165**

NAOORLOGSE WIJKEN

In veel vooroorlogse woonwijken vindt men een
gezonde mix van wonen, kleinschalig winkelen en
werken. De sfeer die uit dit type wijken spreekt,
compenseert de soms matige kwaliteit van de
woningen. Op die manier is de enorme vraag naar
kleine appartementen in de Amsterdamse Jordaan
te verklaren. Maar al zijn deze woningen na enkele
eeuwen nog zo gewild en daarom letterlijk duurzaam, er zal iets aan hun energiegebruik moeten
worden gedaan. Isoleren betekent evenwel in veel
gevallen - zeker omdat er weinig geld beschikbaar
wordt gesteld - een aantasting van het authentieke
karakter. Een voorbeeld zijn de houten kozijnen met
oorspronkelijke details die doorgaans worden vervangen door karakterloze houten of kunststof kozijnen met dubbel glas. Wanneer er aan de binnenzijde
zou worden geïsoleerd, blijft het gevelbeeld weliswaar in belangrijke mate gehandhaafd, maar dit is
lastig en duur omdat er oplossingen voor het optreden van thermische spanning in het metselwerk en
voor koudebruggen moeten worden gevonden.
Glazen schermen voor de gevel worden als alternatief aangeboden, maar ook zij tasten uiteraard de
identiteit van het gebouw aan.

Aantrekkelijk voor dit soort wijken is het bizarre
idee van Buckminster Fuller om over Manhattan een
enorme, transparante koepel te plaatsen. Deze
koepel zou een dusdanige straal krijgen dat de constructie uit het zicht verdwijnt. Volgens Fulleriaanse
logica werkt zo'n megaconstructie als een echte
buffer: in de zomer zorgt zij voor koeling, in de
winter houdt zij de warmte vast. Volgens J. Baldwin,
een oud-medewerker van Fuller, is zo'n koepel, hoe
extreem dit idee ook lijkt, zowel technisch als economisch haalbaar.

Naoorlogse wijken zijn daarentegen veelal erg
mono-functioneel en daardoor minder aantrekkelijk.
Massaal trekken de beter betaalden uit deze wijken
naar de nieuwe uitbreidingsgebieden rondom de
grote steden en laten een vacuüm achter. Naast
functionele eenzijdigheid dreigt er nu ook sociale
eenzijdigheid te ontstaan. Hoewel het geen duurzame oplossing is in de strikte zin van het woord, is
sloop een belangrijk gereedschap om deze wijken
op te waarderen, temeer daar de bouwkundige
kwaliteit van de woningen vaak te wensen overlaat.
Vervolgens moet men zich niet vastklampen aan de
bestaande infrastructuur of aan de huidige functie
van de wijk, want dan krijgt de wijk geen de kans om
zich te ontwikkelen. Men moet dus niet, zoals
gebruikelijk in Nederland, uitgaan van de stelling:
eens een woonwijk altijd een woonwijk.

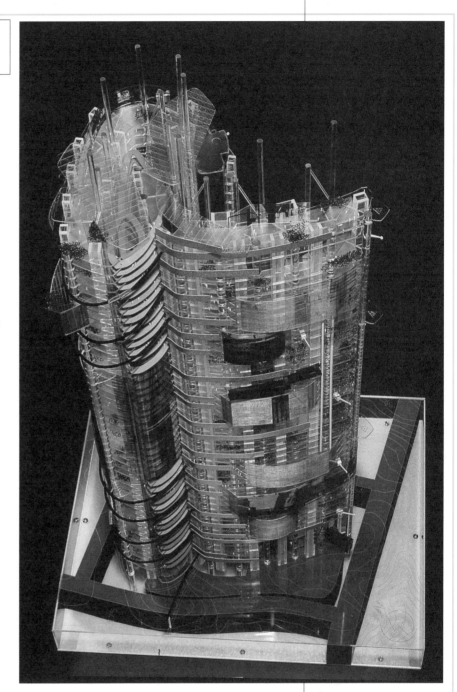

Met name in het Verre Oosten wordt
intensief studie verricht naar verticale
steden. De zeshonderd meter hoge
toren van Ken Yeang omvat behalve
kantoren en appartementen ook een
vergadercentrum, restaurants en een
schouwburg.

Duurzame architectuur / Sustainable architecture
Voorwoord / Preface
Inleiding / Introduction
Verantwoording / Credits

Project / Project

5 / **166**

Het architectenbureau MVRDV bedacht voor Rotterdam een uitzonderlijke oplossing. MVRDV ontwikkelde een scenario waarin 'afgeschreven' wijken worden vervangen door bossen. Rotterdam zal dan na vijftig jaar niet meer bestaan, althans niet op de huidige plek. Minder ver doorgevoerd biedt dit idee de oplossing om delen van de stad uit te vlakken en er een duurzamere variant voor terug te plaatsen. In deze duurzame variant kunnen ook megablokken een rol spelen.

WIJKEN ALS VAKANTIEOORDEN

De meest extreme vorm van een compacte wijk is de verticale wijk. Vooral in Azië, waar ruimte schaarser en de grond duurder is dan bij ons, wordt deze variant intensief onderzocht. Architecten als Ken Yeang en Norman Foster brengen in hun extreme hoge gebouwen - bijvoorbeeld Nagona 2005 (1999) van Yeang met zeshonderd meter en Millennium Tower (1999) van Foster met duizend meter - woningen, kantoren, auditoria, parken en restaurants bij elkaar. In Nederland is het onderzoek naar blokken als wijken veel kleinschaliger, alhoewel MVRDV in Leidschenveen winkels, woningen en zelfs een kerk in een groot blok clusterde.

In zijn voorstel voor een langgerekte strook gebouwen (oorspronkelijk pakhuizen) aan de Oostelijke Handelskade in Amsterdam (1995), situeerde Ton Venhoeven weilanden, bossen, infrastructuur, woningen en bedrijven die zo zijn vormgegeven en gedimensioneerd dat zij andere functies kunnen aannemen. Hierdoor is niet zozeer een wijk ontstaan, als wel een strategie tentoongespreid: alles kan gebeuren. In Venhoevens visie zijn duurzame wijken dusdanig spannend en gelaagd, dat zij 'vakanties naar Vietnam overbodig maken.' Hij creëerde een plan dat voldoet aan de omschrijving van architect Manuel Gausa in het boek *Housing, New Alternatives, New Systems* (1998): 'the use of elemental schemes of seriations would thus permit the configuring of a basic order in an ongoing situation of suspence between the predictable (the re-iterated) and the unforeseeable (the singular), distict from the urge to control and the forced rigidity implicit in other formulations developing out of strict repetion, open systems disposed to also admitting multivarious variations and perversions without ceasing, thereby to favor effective directional tensions in guidelines rather than a prefigured landscape'.

 De wonderlijke mix van functies die in het ontwerp voor de Oostelijke Handelskade is samen-gebracht achter een neutrale gevel, maakt uitwisseling, dubbelgebruik en recycling van water, energie en afval mogelijk.

LICHTHEID

De tegenhanger van de compacte, gelaagde stad is de lichte stad. In tegenstelling tot de letterlijk duurzame gebouwen van de compacte stad, raken lichte gebouwen de grond heel zacht aan. De gebouwen worden zo geconstrueerd dat ze, zodra ze niet langer noodzakelijk zijn, gedemonteerd, afgevoerd en op een andere plaats, met eventueel een andere functie weer opgebouwd kunnen worden.

 Adriaan Beukers stelt in zijn boek *Lightness* (1998) dat gebouwen 'lichter' moeten worden. Het boeiendste voorbeeld uit het boek zijn de zwarte tenten die door nomaden in de Sahara worden gebruikt. Omdat deze nomaden trekken is de constructie van de tenten niet alleen licht, maar ook heel slank gedimensioneerd. Fascinerend is ook de werking van het zwarte, vaak van geitenharen gemaakte tentdoek. Zwart lijkt ongunstig omdat het warmte absorbeert, terwijl witte doeken de warmte juiste reflecteren. De zwarte doeken nemen inderdaad de infrarode straling op, maar hierdoor hebben de bewoners van de tent er juist geen last meer van. Bovendien is het tentdoek op een bepaalde manier geweven, waardoor de warmte uit de tent kan ontsnappen. Het is in de tent vaak dertig graden koeler dan buiten. Het materiaal isoleert dusdanig, dat dit soort tenten niet alleen in de woestijn, maar ook in zeer koude gebieden gebruikt kunnen worden.

In Nederland hebben Jon Kristensson, architect en hoogleraar aan de TU Delft, en MVRDV een lichte wijk voor Rotterdam ontworpen. De bewoners van deze in een parkachtige omgeving geplaatste woningen koken op elektriciteit. Het water wordt zoveel mogelijk hergebruikt en het 'zwarte water' komt in tanks terecht waar algen het vuil afbreken. Ten slotte krijgt iedereen een gsm. Door deze voorzieningen zijn de woningen bijna autarkisch. In ieder geval zijn ingegraven leidingen niet nodig, waardoor de wijk zodra zij overbodig is weer kan verdwijnen.

 Behalve dat lichte gebouwen op een bepaald moment in een behoefte voorzien, geven zij de stad een ander soort flexibiliteit dan de compacte stad. Deze flexibiliteit is minstens net zo belangrijk. Een stad moet zich ook kunnen aanpassen aan de tijd (demografisch en economisch), zij moet

Duurzame architectuur: meer dan getallen / Sustainable architecture: more than numbers –   Architect / Architect
Glazen buffers / Glazed thermal buffers – Slimme gebouwen / Smart buildings –
Gebouwen als energieopwekkers / Buildings as energy generators –
Spannende, compacte steden / Exciting, compact cities

5 / 167

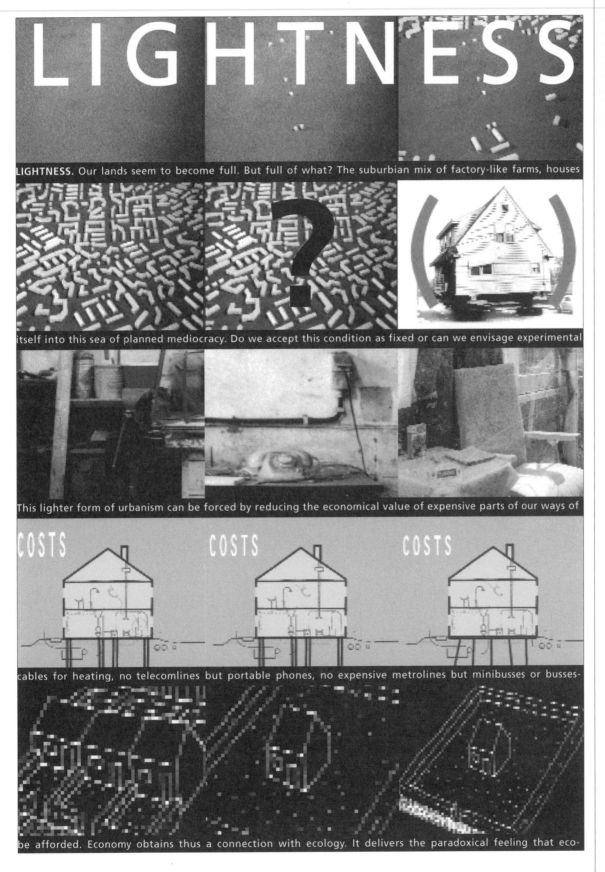

LIGHTNESS

LIGHTNESS. Our lands seem to become full. But full of what? The suburban mix of factory-like farms, houses itself into this sea of planned mediocracy. Do we accept this condition as fixed or can we envisage experimental This lighter form of urbanism can be forced by reducing the economical value of expensive parts of our ways of

COSTS   COSTS   COSTS

cables for heating, no telecomlines but portable phones, no expensive metrolines but minibusses or busses- be afforded. Economy obtains thus a connection with ecology. It delivers the paradoxical feeling that eco-

Tijdens de manifestatie Rotterdam 2045 introduceerde MVRDV haar versie van de lichte stedenbouw. In een parkachtige omgeving plaatst het bureau woningen waarvoor geen infrastructuur nodig is. Als de woningen overbodig zijn, kunnen ze worden gedemonteerd en afgevoerd. De grond kan dan weer een andere bestemming krijgen.

Duurzame architectuur / Sustainable architecture
Voorwoord / Preface
Inleiding / Introduction
Verantwoording / Credits

Project / Project

5 / 168

kunnen veranderen. Bij compacte steden is dit ondervangen door de mogelijke functie-aanpassing van de royaal gedimensioneerde gebouwen. Lichte steden zijn zo gebouwd dat zij letterlijk plaats kunnen maken voor nieuwe functies zonder dat het milieu noemenswaardig wordt belast. (Dit in tegenstelling tot veel wijken die nu worden gebouwd en in het recente verleden zijn gebouwd en waarvan wordt verwacht dat ze binnen enkele decennia niet meer gewild zijn.)

Lichte stedenbouw sluit de compacte stad absoluut niet uit. Juist niet. Ze zijn complementair. Niet alleen wordt door op de ene plek compact te bouwen elders ruimte voor lichte wijken gecreëerd. Ze voorzien ook allebei in een specifieke behoefte: monumentaliteit en verandering. Door ze beide toe te passen - en uiteraard ook energiezuinig en energie-opwekkend uit te voeren - ontstaan heel contrastrijke wijken en steden die werkelijk duurzaam zijn.

Buckminster Fuller deed al in de jaren dertig onderzoek naar autarkische, demontabele woningen.

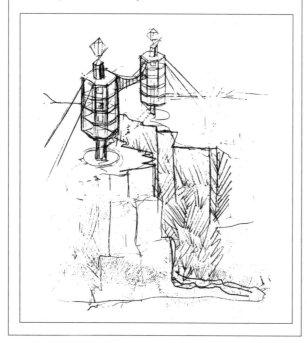

Duurzame architectuur: meer dan getallen / Sustainable architecture: more than numbers –
Glazen buffers / Glazed thermal buffers – Slimme gebouwen / Smart buildings –
Gebouwen als energieopwekkers / Buildings as energy generators –
Spannende, compacte steden / Exciting, compact cities

Project / Architect

5 / 169

5.1   GWL-terrein, Amsterdam (NL)
Kees Christiaanse Architects & Planners

Titel **GWL-terrein, Amsterdam** Architect stedenbouwkundig plan **ir. Kees Christiaanse Architects & Planners, Rotterdam** Architecten woningbouw **ir. Kees Christiaanse Architects & Planners, Rotterdam** **Dobbelaar de Kovel de Vroom Architecten, Rotterdam**	**Neutelings Riedijk Architecten bv, Rotterdam (i.s.m. Bureau Bouwkunde Rotterdam bv)** **Atelier Zeinstra, Van der Pol, Amsterdam** **Meyer en Van Schooten Architecten bv, Amsterdam** Landschapsarchitect **West 8 Landscape Architects, Rotterdam**	Opdrachtgever **Stichting ECO-plan, Amsterdam** Adviseur constructies **Bouwadviesbureau Strackee bv, Amsterdam** (blokken 1, 6, 14, 16, 17) **Ingenieursgroep Van Rossum, Amsterdam** (blokken 2a/b/c, 4, 5, 7 - 13, 15) Ontwerp - oplevering **1993 - 1998**

1 / Het GWL-terrein wordt van het naastgelegen
bedrijfsterrein afgeschermd door twee meande-
rende, hoge woonblokken.

Op het voormalige terrein van het
Gemeentelijk Waterleidingbedrijf (GWL-
terrein) in Amsterdam heeft Kees
Christiaanse een woonwijk ontworpen
waarin een zeer hoge woondichtheid
gecombineerd is met veel groen. De
wijk ligt langs de weg naar Haarlem en
heeft zeshonderd woningen en enkele
bedrijfsruimtes. Grote, hoge blokken in
het westen en noorden scheiden de
groene enclave af van de omgeving. De
andere begrenzingen zijn opener, waardoor er duidelijke verbanden met de

omliggende wijken ontstaan. Hier zijn
de blokken los in het groen geplaatst.
Behalve Christiaanse, hebben DKV
Architecten, Neutelings Riedijk Architecten, Meyer en Van Schooten en
Liesbeth van der Pol woonblokken voor
de wijk ontworpen.
Het maaiveld is van de hand van West 8
en is autovrij gehouden. Ligusterhagen
zorgen ervoor dat de woningblokken en
het bijbehorend groen worden samengevoegd tot 'paradijzen'. Hiertussen
liggen de collectieve ruimtes: speel-

plaatsen voor verschillende leeftijden,
hondenuitlaatplaatsen en volkstuinen.
De voormalige watertoren en enkele
historische gebouwen worden geres-
taureerd en bieden ruimte aan bedrijven
en bijzondere woonvormen.
De milieumaatregelen die op het GWL-
terrein zijn genomen, worden inmiddels
als standaard beschouwd. Op de hoge
blokken liggen sedumdaken, het regenwater wordt voor toiletspoeling gebruikt
en er is een warmtekrachtcentrale voor
de hele wijk. Het afval wordt verzameld

met behulp van het metrosysteem: een
buizenstelsel vervoert het afval naar een
centrale plek buiten het terrein, vanwaar
het wordt afgevoerd.

Duurzame architectuur / Sustainable architecture
Voorwoord / Preface
Inleiding / Introduction
Verantwoording / Credits

Project / Project
GWL-terrein, Amsterdam

5 / 170

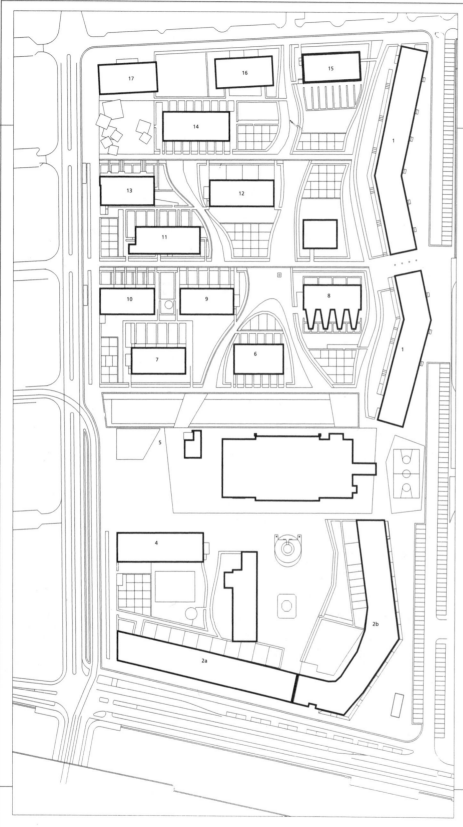

2 / Situatie

1   DKV Architecten
2a/b, 8 en 15   Neutelings Riedijk Architecten
2c, 11 en 13   ir. Kees Christiaanse Architects & Planners
4, 5, 7, 9, 10 en 12   Meyer en Van Schooten Architecten bv
6, 14, 16 en 17   Atelier Zeinstra, Van der Pol

3 / Rechts een woonblok van Meyer en Van
Schooten. De woningen op de verdiepingen
worden ontsloten via binnenstraten. De woningen
op de begane grond zijn toegankelijk via de tuin.

4 / De gerestaureerde watertoren.

5 / Tussen de blokken, op het binnenterrein,
bevinden zich tuinen, volkstuinen en collectieve
ruimtes.

2

Duurzame architectuur: meer dan getallen / Sustainable architecture: more than numbers –
Glazen buffers / Glazed thermal buffers – Slimme gebouwen / Smart buildings –
Gebouwen als energieopwekkers / Buildings as energy generators –
Spannende, compacte steden / Exciting, compact cities

Architect / Architect
Kees Christiaanse Architects & Planners

5 / 171

3

4

5

Duurzame architectuur / Sustainable architecture
Voorwoord / Preface
Inleiding / Introduction
Verantwoording / Credits

Project / Project

5 / 172

5.2 Lu Jia Zui, Shanghai (CHN)

Titel	Adviseur constructies	Ontwerp
Lu Jia Zui, Shanghai	**Ove Arup & Partners, Londen**	**1991**
Architect	Adviseur installatie/bouwtechniek	
Richard Rogers Partnership, Londen	**Alan Mason, Londen**	

1 / De routing van het openbaar vervoer vormt de basis van het stedenbouwkundige plan.

2 / Iedere sectie van de wijk heeft een gezonde mix van alle mogelijke stedelijke functies. Door in hoge dichtheden te bouwen ontstond er ruimte voor een groot park.

1

In het stedenbouwkundige ontwerp voor een nieuw district van de stad Shanghai heeft Richard Rogers een mix gemaakt van woningen, kantoren, winkels, culturele centra en sportgebouwen. Door deze functiedifferentiatie wordt de infrastructuur (de energieopwekking, de wegen en het openbaarvervoernet) optimaal gebruikt. Om het gebruik van energie terug te dringen is rondom het centraal gelegen park extreme hoogbouw gepland. Aan de randen van het gebied bevinden zich lagere gebouwen. Door deze setting ligt het park, en dus het belangrijk geachte groen, in de windluwte. Ook kan het daglicht alle gebouwen bereiken - waardoor het gebruik van kunstlicht wordt verminderd - en blijft het uitzicht op de rivier de Huang Pu gewaarborgd.

Daarnaast heeft Rogers samen met zijn adviseurs een alomvattend openbaarvervoersysteem opgezet. *Light rails* verbinden de buitengebieden met de verschillende centra. Rondom ieder centraal station is een enorm parkeerterrein, met plaats voor 2.500 auto's, gepland. Het autoverkeer mag het plangebied niet verder binnen, uitgezonderd taxi's, bussen en bestemmingsverkeer. Behalve *light rails* zijn er tram- en metrolijnen. De maximale loopafstand naar een halte bedraagt dan ook maar 350 meter.

Behalve dit stedenbouwkundige plan heeft Rogers ook een softwareprogramma ontwikkeld. Dit programma zorgt ervoor dat het plan, wanneer het gerealiseerd gaat worden, aangepast kan worden aan gewijzigde omstandigheden. Hiertoe worden onder meer het aantal passagiers op de verschillende openbaarvervoerlijnen, de bezoekers van de verschillende parken, maar ook de cijfers van het Chinese Centraal Planbureau ingevoerd. Het programma zet deze data om in nieuwe ontwerptekeningen.

Duurzame architectuur: meer dan getallen / Sustainable architecture: more than numbers –
Glazen buffers / Glazed thermal buffers – Slimme gebouwen / Smart buildings –
Gebouwen als energieopwekkers / Buildings as energy generators –
Spannende, compacte steden / Exciting, compact cities

Architect / Architect
Richard Rogers **Partnership**

5 / 173

2

Duurzame architectuur / Sustainable architecture
Voorwoord / Preface
Inleiding / Introduction
Verantwoording / Credits

Project / Project

5 / 174

5.3 City Fruitful, Dordrecht (NL)

Titel	Opdrachtgever	Ontwerp
City Fruitful, Dordrecht	**Gemeente Dordrecht, ondersteund**	**1992 - 1997**
Architect	**door de Rijks Planologische Dienst in**	Totale oppervlakte van de stad
KuiperCompagnons Bureau voor	**het kader van de Voorbeeldplannen**	**56 hectare (waarvan 1700 woningen en**
Ruimtelijke Ordening en Architectuur	**Vierde Nota**	**22 hectare glastuinbouw)**
B.V. en Oosterhuis Associates,		
Rotterdam		

1

In dit ontwerp aan de voet van de Wieldrechtse Zeedijk in Dordrecht is getracht om de begrippen energie, ecologie, economie en emotie te combineren. Het plangebied wordt omsloten door een cirkelvormige, bewoonde stadswal en bevat 1700 woningen (waarvan tachtig procent laagbouw), 24 hectare glasteelt en ruim 5 hectare buitenteelt. Door deze wonderlijke combinatie worden twee grootverbruikers van energie - woningen en glasteelt -

aan elkaar gekoppeld. De woningen zijn namelijk zo gesitueerd dat zij worden verwarmd met de warme, zuurstofrijke lucht uit de kassen. Tevens zullen de woningen, doordat zij tussen de warme kassen zijn ingebouwd, minder snel afkoelen. Windmolens en zonnepanelen kunnen de rest van de benodigde energie opwekken.
Voor besparing op water is in dit plan het zogenoemde Waterkasteel opgenomen. Dit is een buffer voor droge

tijden, maar met het water kan eveneens energie worden opgewekt of het water kan als voeding voor de fonteinen dienen. Voor de zuivering van vuil water worden vloeikassen voorgesteld, die de warmte voor een intensieve biologische reiniging uit de zon betrekken. Nadat het water door bekkens met wortelzones, bacteriën, algen en allerlei planten is geleid, kan het naar de rietvijver doorstromen.
Ten slotte is het dubbelgrondgebruik

belangrijk. Daarom zijn er kassen op en onder woningen geplaatst. Zij isoleren de woningen niet alleen, maar hierdoor liggen ook werk en woning heel dicht bij elkaar. Bovendien hoeft men voor fruit en groente niet naar een winkelcentrum en woont iedereen ondanks de hoge bebouwingsdichtheid in, onder of boven het groen.

Duurzame architectuur: meer dan getallen / Sustainable architecture: more than numbers –
Glazen buffers / Glazed thermal buffers – Slimme gebouwen / Smart buildings –
Gebouwen als energieopwekkers / Buildings as energy generators –
Spannende, compacte steden / Exciting, compact cities

Architect / Architect

KuiperCompagnons en Oosterhuis Associates

5 / 175

2

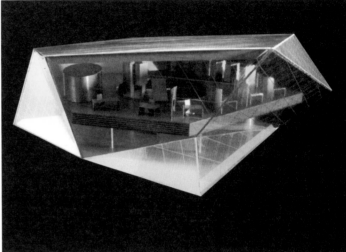

5

1 / Maquette van City Fruitful.

2 / In de dalen van het Golvend Veld bevinden zich de patio's en de toegangswegen.

3 / Zonnehoven met op de voorgrond de Grote Haag. De Grote Haag is de transportas voor de glastuinbouw.

4 / Dubbele bodem. De atriumwoningen zijn op en onder kassen geplaatst.

5 / Het Glaspaviljoen is het informatiecentrum van de nieuwe tuinstad.

3

4

Duurzame architectuur / Sustainable architecture
Voorwoord / Preface
Inleiding / Introduction
Verantwoording / Credits

Project / Project

5 / 176

5.4 Reitdiep, Groningen (NL)

Titel	Adviseur milieutechniek	Ontwerp
Structuurvisie Parkstad Reitdiep, Groningen	**Boom, Delft**	**1996**
Architect		Totaal aantal woningen
Oosterhuis Associates, Rotterdam		**1000 woningen**
Opdrachtgever		Totale oppervlakte
Amstelland Vastgoed, Ede		**40 hectare**

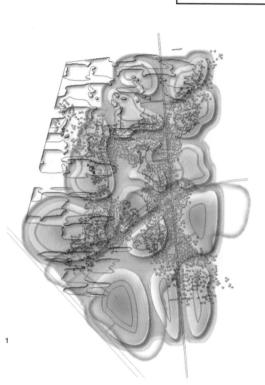

1

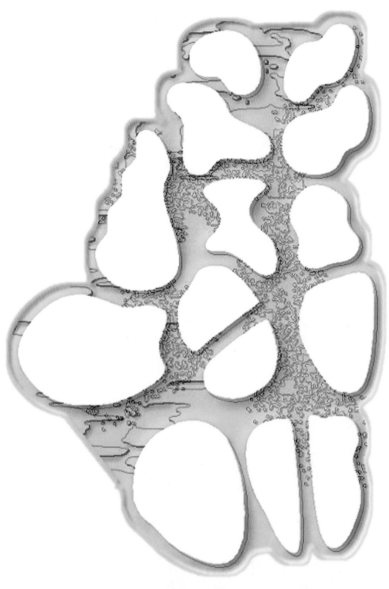

2

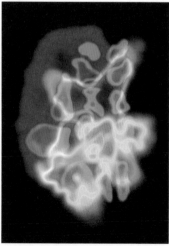

3

In plaats van het gebied bouwrijp te maken, heeft Kas Oosterhuis in het plangebied voor parkstad Reitdiep bij Groningen een nieuw landschap aangelegd. Hij werpt zo een extra drempel op voor bebouwing en probeert de bouwer bewust te maken van zijn ingreep in het landschap.
Het landschap blijft ook na bebouwing het belangrijkste onderdeel van deze wijk. Er ontstaat een nieuw natuur- en recreatiegebied. Dertig procent van de parkstad bestaat uit water. Een deel van de woningen wordt eveneens in het water gebouwd. De helofytenfilters die in het plan zijn opgenomen zorgen voor de zuivering van het oppervlaktewater. In het gebied zijn twaalf vloeiend gevormde terreinen met uitgeefbare

kavels benoemd, die ieder een eigen identiteit en ontsluiting krijgen. Eerst worden er duizenden bomen op het land geplant, ook op plaatsen waar huizen zullen worden gebouwd. De eigenaren van de kavels worden uitgedaagd om de bomen in hun planvorming te betrekken. De kavels worden zo veel mogelijk langs de randen bebouwd. In het open middendeel komen de zogenaamde adoptietuinen. Deze tuinen kunnen als belangrijke ontmoetingsplaatsen gaan dienen. Na landschap en bebouwing zijn als laatste de publieksfuncties - winkels, werkplaatsen en openbare gebouwen - gepland.
Oosterhuis gebruikte voor het maken van dit ontwerp de Attractor Game, een

door hem ontwikkeld softwareprogramma. Bij dit 'spel' worden twaalf attractoren (functies binnen een plangebied) over elkaar heen op het gebied gelegd. Deze functies hebben ieder vastgestelde eigenschappen en beïnvloeden elkaar. Ze stoten elkaar af of trekken elkaar juist aan. De 'speler' kan de instellingen van de attractoren desgewenst veranderen. Volgens Oosterhuis maakt de digitaal beheerste ontwerpmethode het mogelijk om de enorme complexiteit van de lopende processen, te kwalificeren en te kwantificeren. Door de superpositie van ongelijksoortige elementen krijgt het plan bovendien een spannende gelaagdheid.

Duurzame architectuur: meer dan getallen / Sustainable architecture: more than numbers –
Glazen buffers / Glazed thermal buffers – Slimme gebouwen / Smart buildings –
Gebouwen als energieopwekkers / Buildings as energy generators –
Spannende, compacte steden / Exciting, compact cities

Architect / Architect

§ / 177

Oosterhuis Associates

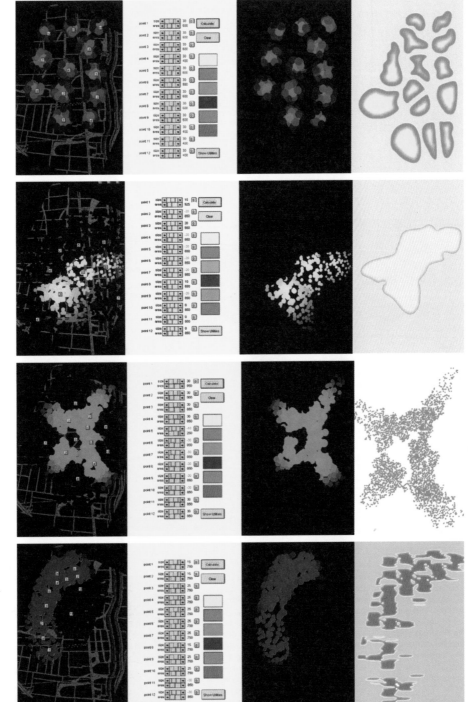

1 / Het creëren van een nieuw landschap.

2 / Tussen de woondomeinen liggen de adoptie-tuinen.

3 / Een inrichting van Reitdiep volgens de Attractor Game. De vlekkenpatronen zijn water-attractoren, kavelattactoren en publieksattracto-ren. Wijzigingen kunnen snel in de Attractor Game doorgevoerd worden en zij zijn ook direct kwantificeerbaar.

4 / Bij de Attractor Game wordt bij iedere punt in het plangebied de invloed van de attractoren of disattractoren berekend. Het punt krijgt vervolgens een kleur, die feller wordt als het zich dichter bij een attractor bevindt.

5 / De woondomeinen. De woningen zijn zoveel mogelijk aan de randen van het gebied geplaatst.

Duurzame architectuur / Sustainable architecture
Voorwoord / Preface
Inleiding / Introduction
Verantwoording / Credits

Project / Project

5 / 178

5.5 IBA-Emscherpark, omgeving Essen (D)

1

1 / Het plangebied van het IBA-Emscherpark.
Door oude industriecomplexen af te wisselen met
groene gebieden en nieuwe architectonische
hoogstandjes probeert men dit gebied in het hart
van het Ruhrgebied een nieuw, schoon en spannend imago te geven.

2 / Op de voormalige industrieterreinen worden
bomen geplant en kunstwerken geplaatst.

3 / Op de schacht van de mijn Aschenbach IV is
een ruimteschip-achtig object neergezet. Het is
een onderdeel van het Colani Design Zentrum.

In de jaren tachtig werden vele mijnen, hoogovens en fornuizen in het Ruhrgebied gesloten, met als gevolg een enorme werkeloosheid. Het aantrekken van nieuwe bedrijven was echter niet eenvoudig. Het immense gebied - ruim achthonderd vierkante kilometer - stond namelijk bekend om de hoge graad van vervuiling; niet bepaald een plek waar bedrijven zich graag vestigen.

In 1988 is men begonnen de Emschervallei te transformeren tot een aantrekkelijk landschap. Centraal in de aanpak staat een groot aantal belangrijke architectonische bouwwerken, die gezamenlijk de Internationale Bauausstellung vormen. Hiertoe behoren onder meer de Eurogate van Norman Foster and Partners, het Opleidingscentrum van Françoise Jourda, het Wetenschapscentrum Rheinelbe van Uwe Kiessler + Partner en het Centrum van de Toekomst van Kramm & Strigl. In al deze gebouwen speelt vooral het benutten van actieve en passieve zonne-energie een belangrijke rol.

Hoewel van de uitstraling van deze architectonische hoogstandjes veel wordt verwacht, kan het imago van zo'n gebied niet alleen met ecologisch ver-

antwoorde architectuur worden verbeterd, ook het industriële landschap moet worden 'opgeschoond'. Dit gebeurt hier op doordachte wijze. De fabrieken worden - al hebben zij het omliggende land zeer vervuild - gezien als een belangrijk deel van het culturele erfgoed en men probeert deze gebouwen zo veel mogelijk een nieuwe functie te geven. Inmiddels worden in de 109 meter hoge Gasometer tentoonstellingen gehouden, in de oude kantoren van de firma Thyssen is het Technologiezentrum ondergebracht en het Design Zentrum huist nu in het ketelhuis van de mijn Zollverein Schacht XII. Daarnaast worden deze installaties geïntegreerd in het landschap.

Het meest ingrijpend in het IBA-Emscherpark was het zuiveren van de rivier de Emscher. Dit was een soort open riool geworden, waarin het vuil van de industrieën werd geloosd en waarin de rioleringen van de woningen uitkwamen. Zes waterzuiveringsinstallaties, deels werkend op basis van biologische afbraak, zuiveren het water nu decentraal. Tevens is er een rioleringssysteem aangelegd dat gescheiden is van het hemelwater.

2

Duurzame architectuur: meer dan getallen / Sustainable architecture: more than numbers –   Architect / Architect   5 / **179**

Glazen buffers / Glazed thermal buffers – Slimme gebouwen / Smart buildings –

Gebouwen als energieopwekkers / Buildings as energy generators –

Spannende, compacte steden / Exciting, compact cities

3

Duurzame architectuur / Sustainable architecture
Voorwoord / Preface
Inleiding / Introduction
Verantwoording / Credits

Project / Project

5 / 180

5.6 Atelierwoningen, Réunion (F)

Titel	Adviseur constructies/bouwfysica	Ontwerp
Villa André Malraux / Villa Medicis de l'Ocean Indien, Réunion	**SOCETEM, Réunion**	**1996**
architect		Netto vloeroppervlak
Roche, DSV & Sie., Parijs		**2.000 m²**
opdrachtgever		
Frac, Réunion		

Voor het vulkanische eiland Réunion in de Indische Oceaan heeft François Roche tien atelierwoningen, een tentoonstellingsruimte en een openluchtmuseum ontworpen.
De weg van de kust naar de 1200 meter hoge kraterrand voert door verschillende soorten vegetatie en is 'opgetild' om het plantenleven te ontzien. Hetzelfde gebeurde met de bebouwing. De woningen van de kunstenaars, de ateliers en het kantoor van de opdrachtgever, het Fonds voor Regionale Moderne Kunst, bevinden zich tussen de kruinen van de bomen. De wanden van de gebouwen zijn transparant en achter die wanden zijn wegklapbare, spiegelende kunststofpanelen aangebracht. De doosvormige gebouwen lijken te verdwijnen door hun doorzichtigheid, of doordat zij het omliggende groen reflecteren. Alle gebouwen liggen rondom het Areaal. Deze grote, open ruimte van 1200 m² in het bos dient als toevluchtsoord bij bosbranden, maar is tegelijkertijd een openluchtmuseum. In het groen aan de rand van het Areaal bevinden zich de tentoonstellingsruimte en de gemeenschappelijke ruimtes. Hier en daar dringt een boomstam deze gebouwen binnen, waardoor ze opgaan in de natuur. De bebouwing is in dit plan opgevat als een indringer.

1

Duurzame architectuur: meer dan getallen / Sustainable architecture: more than numbers –
Glazen buffers / Glazed thermal buffers – Slimme gebouwen / Smart buildings –
Gebouwen als energieopwekkers / Buildings as energy generators –
Spannende, compacte steden / Exciting, compact cities

Architect / Architect

5 / 181

Roche, DSV & Sie

2

1 / De bebouwing op het eiland Réunion mocht het oorspronkelijke landschap niet aantasten.

2 / Doordat er bomen dwars door de tentoonstellingsruimte groeien gaat het gebouw op in de omgeving.

3 / De atelierwoningen bevinden zich tussen de kruinen van de bomen. Achter de wanden van transparant kunststof bevinden zich wegklapbare, spiegelende panelen.

Duurzame architectuur / Sustainable architecture
Voorwoord / Preface
Inleiding / Introduction
Verantwoording / Credits

Project / Project

5 / 182

5.7 **Oostelijke Handelskade, Amsterdam (NL)**

Titel	Ontwerp
Oostelijke Handelskade, Amsterdam	**1995**
Architect	Netto oppervlakte wonen
Bureau Venhoeven C.S., Amsterdam	**150.000 m²**
Opdrachtgever	Netto oppervlakte niet-wonen
Gemeente Amsterdam, Dienst	**130.000 m²**
Ruimtelijke Ordening	

De Oostelijke Handelskade is 1500 meter lang en 75 meter breed en ligt ingeklemd tussen een dijklichaam en het IJ. Door de geïsoleerde ligging ten opzichte van de stad, trokken de voormalige pakhuizen en havengebouwen ongewenste stedelijke activiteiten aan, zoals prostitutie. De architectenbureaus Venhoeven, Mecanoo en Neutelings Riedijk zijn in 1995 gevraagd een visie op dit gebied te ontwikkelen. Venhoeven vatte de strook op als één geheel en bedacht een flexibel concept met een hoge bebouwingsdichtheid. Om de 150 meter zijn doorsneden gemaakt waarin de infrastructuur van het totale complex is ondergebracht. De inpandige infrastructuur bestaat uit pleinen, boulevards, hellingbanen en bruggen die woningen, bedrijven, winkels, theaters, horeca en een bibliotheek met elkaar verbinden. Ook zijn diverse bovengrondse parkeergarages in het gebouw opgenomen. Door de mix van functies, die zowel overdag als in de avond activiteiten genereren, moet sociale veiligheid worden gegarandeerd.
Tevens zijn er groenstroken en buitengebieden, zoals weilanden, outdoorsportfaciliteiten en openluchtpodia in de volumes opgenomen. Op deze prachtige locatie aan het IJ voegen de buitenruimtes zo nieuwe vormen van groen aan de stad toe.

1

Duurzame architectuur: meer dan getallen / Sustainable architecture: more than numbers –
Glazen buffers / Glazed thermal buffers – Slimme gebouwen / Smart buildings –
Gebouwen als energieopwekkers / Buildings as energy generators –
Spannende, compacte steden / Exciting, compact cities

Architect / Architect

5 / 183

Bureau Venhoeven C.S.

2

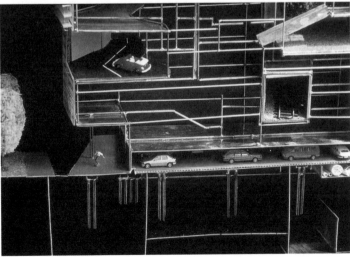

1 / Oostelijke Handelskade is meer een strategie
om lege plekken in een stad zo intensief mogelijk
te gebruiken dan een concreet ontwerp.

2 / Het complex is dusdanig vormgegeven en
ingedeeld dat alle mogelijke functies er in ondergebracht kunnen worden. In het ontwerp zijn
behalve infrastructuur, groengebieden, kantoren
en woningen, ook winkelboulevards, restaurants
en theaters opgenomen.

Duurzame architectuur / Sustainable architecture
Voorwoord / Preface
Inleiding / Introduction
Verantwoording / Credits

Project / Project Architect

5 / 184

5.8 Winkelcentrum Leidschenveen,
Leidschendam(NL), MVRDV

Titel	Ontwerp
Winkelcentrum Leidschenveen,	**1997**
Leidschendam	Totale vloeroppervlak
Architect	**13.000 m² winkels, 15.000 m² parkeer-**
MVRDV, Rotterdam	**ruimte, 150 woningen en diverse**
Opdrachtgever	**publieke voorzieningen**
Ontwikkelingsbedrijf Leidschenveen,	
Leidschendam en Mabon bv, Rijswijk	

De opdracht was om een goed bereik-
baar winkelcentrum te combineren
met autoloze winkelpromenades.
MVRDV bracht daarom het volledige
programma van het nieuwe centrum in
de Vinexwijk Leidschenveen bij
Leidschendam onder in een gigantische, bovengrondse parkeergarage.
Deze is hiervoor uitgerekt en openge-
sneden, waardoor alle niveaus daglicht krijgen. Op de daken van de
garage zijn niet alleen winkels, maar
ook een sporthal, woningen, een zie-
kenhuis, kantoren, een sociaal cultu-
reel centrum, een bibliotheek en zelfs
een kerk gepland. Hoewel er sprake is
van één continue ruimte (eigenlijk twee
want de parkeergarage vormt een
eigen ruimte), zijn er een groot aantal
verschillende sferen in het complex
gecreëerd. Er zijn stedelijke winkel-
straten, maar ook tuinen met markt-
stalletjes. De appartementen bevinden
zich op het zevende niveau.

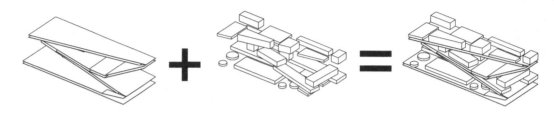

1

1 / Door een parkeergarage uit te trekken en open
te snijden is er tussen de parkeerdekken ruimte
ontstaan voor veel verschillende functies.

2 / Noord- en westzijde. De appartementen
bevinden zich op de bovenste verdieping.

3 / Zuidzijde met de hellingbaan die naar de verschillende parkeerdekken leidt.

4 / Legenda.

0   Parkeren
1   Winkels
2   Parkeren
3   Winkels, bibliotheek en kantoren
4   Parkeren
5   Sportcomplex, cultureelcentrum,
    kantoren, ziekenhuis
6   Parkeren
7   Woningen

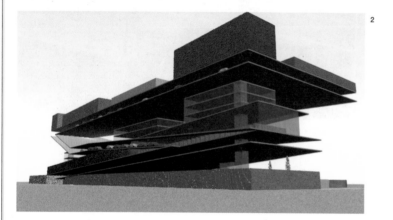

2

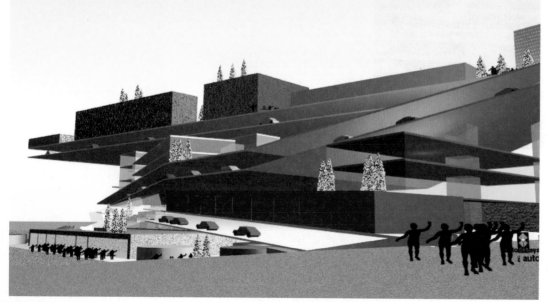

3

0 / 1

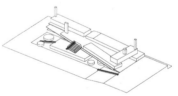

0 / 1 / 2 / 3

0 / 1 / 2 / 3 / 4 / 5

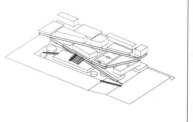

0 / 1 / 2 / 3 / 4 / 5 / 6 / 7

Duurzame architectuur / Sustainable architecture
Voorwoord / Preface
Inleiding / Introduction
Verantwoording / Credits

Project / Project

B / 186

BRONNEN

N. Baker, *Light + Shade, Optimizing day lighting design, European Directory of Sustainable Energy Efficient Building*, Londen 1996.

J. Baldwin, *Bucky works: Buckminster Fuller's Ideas for Today*, New York 1996.

R. Banham, *The Architecture of the Well-Tempered Environment*, Londen 1969.

R. Banham, 'The Glass Paradise', *Architectural Review*,(1959)2.

G. Battle and Chr. McCarthy, 'The design of Sustainable New Towns', *Architectural Design*, (New Towns)(1994)pp.II-IX.

G. Battle and Chr. McCarthy, 'Multi Source Synthesis', *Architectural Design*, 63(1993)7/8.

Duurzame architectuur: meer dan getallen / Sustainable architecture: more than numbers – Architect / Architect
Glazen buffers / Glazed thermal buffers – Slimme gebouwen / Smart buildings –
Gebouwen als energieopwekkers / Buildings as energy generators –
Spannende, compacte steden / Exciting, compact cities

B / 187

S. and S. Behling, *Sol Power*, München 1996.

A. Beukers en E. van Hinte, *Lightness*, Rotterdam 1998.

W. Brandt en A.van Hal, 'Fundamentele veranderingen vereist', *Duurzaam Bouwen*, (onderzoek Rathenau Instituut)(1998)1.

J. Brennan, 'Green Architecture, Style over Content', *Architectural Design*, (The Architecture of Ecology)(1997).

P. Bijdendijk, *Duurzaamheid loont*, Amsterdam 1997.

M. de Boer, *Milieu, ruimte en wonen, tijd voor duurzaamheid*, Ministerie van Volkshuisvesting, Ruimtelijke Ordening en Milieu, Den Haag 1995.

A. Compagno, *Intelligent Glass Facades*, Zürich 1995.

W.J.T. Curtis, *Le Corbusier, ideas and forms*, Londen 1986.

K. Daniels, *The Technology of Ecological Building*, Basel 1995.

K. Daniels, *Low Tech, High Tech*, Basel 1998.

M. Davies, 'Changes in the Rules', *Architectural Design*, 63(1993)7/8.

M. Davies, 'A Wall for all Seasons', *RIBA-journal*, (1981)2.

K. Duijvestein, *Ecologisch Bouwen*, Faculteit Bouwkunde Technische Universiteit Delft, Delft 1997.

F. Feddes en M. Radstake, *Schoon Wonen*, Amsterdam 1993.

Y. Futagawa, 'Richard Rogers', *GA02* (1995).

M. Gausa, *Housing, new alternatives, new systems*, Barcelona 1998.

H. Girardet, 'Sustainable Cities, a contradicton in terms', *Architectural Design*, (The Architecture of Ecology)(1997).

N. Hendriks, *De betrekkelijkheid van duurzame bouwmaterialen*, Eindhoven 1994.

T. Herzog, *Solar Energy in Architecture and Urban Planning*, München 1996.

M. Hopkins, 'Research into Sustainable Architecture', *Architectural Design*, (The Architecture of Ecology)(1997).

R. Koek, W. Maas en J. van Rijs, 'Greyness on the Dutch Mesa', in: MVRDV (red.), *Farmax, Excursions on Density*, Rotterdam 1998.

R. Koolhaas, 'Dark Zones', in: *S,M,L,XL*, Rotterdam 1995.

P. Meurs (red), *Brazilië, laboratorium van architectuur en stedenbouw*, Rotterdam 1998.

M. Mieras, 'Wonen in een gerieflijke thermoskan', *Intermediair*, (1996).

P. Nijkamp en A. Perrels, *Sustainable Cities in Europe*, Londen 1994.

H. Priemus et al, 'Ecologische voetafdruk van steden', in: *De stedelijke investeringsopgave 1999-2010 gekwantificeerd*, Delft 1998.

J. Renckens, *Façade en klimaat, technologie en organisatie van alu-glasfaçades*, Delft 1998.

J. Rodermond, 'Nederland moet eerst een crisis in de politiek oplossen voor er sprake kan zijn van intelligente stedebouw' (interview met Rem Koolhaas), *de Architect*, (thema 61)(1995).

R. Rogers, *Cities for a small planet*, Londen 1997.

H. Tilman, 'Adieu compacte stad, woonmodellen voor een netwerkstad', *de Architect*, (1995)5.

H. Tilman, 'De periferie als ontwerpopgave, zes benaderingen van de Alexanderpolder', *de Architect*, (1993)11.

H. Tilman, 'When dense, when lite', in: MVRDV (red.), *FARMAX, Excursions on Density*, Rotterdam 1998.

K. Yeang, *Bioclimatic Skyscrapers*, Londen 1994.

K. Yeang en T.T. Hamzah, *Clothes and Enclosures*, Berlijn 1998.

B. Ward en R. Dubos, *Only one earth*, Londen 1972.

J. Wilheim, 'Desiring global change', *Architectural Design*, (the Architecture of Ecology)(1997).

World Commission on Environment and Development (commissie Brundtland), *Our Common Future*, Oxford 1987.

Duurzame architectuur / Sustainable architecture
Voorwoord / Preface
Inleiding / Introduction
Verantwoording / Credits

Project / Project

B / 188

FOTOVERANTWOORDING

Duurzame architectuur: meer dan getallen / Sustainable architecture: more than numbers –   Architect / Architect
Glazen buffers / Glazed thermal buffers – Slimme gebouwen / Smart buildings –
Gebouwen als energieopwekkers / Buildings as energy generators –
Spannende, compacte steden / Exciting, compact cities

B / 189

Duurzame architectuur / Sustainable architecture
Voorwoord / Preface
Inleiding / Introduction
Verantwoording / Credits

Project / Project

B / 190

COLOFON

Duurzame architectuur: meer dan getallen / Sustainable architecture: more than numbers – Architect / Architect
Glazen buffers / Glazed thermal buffers – Slimme gebouwen / Smart buildings –
Gebouwen als energieopwekkers / Buildings as energy generators –
Spannende, compacte steden / Exiting, compact city's

B / 191

Deze publicatie kwam mede tot stand dankzij een bijdrage van het Stimuleringsfonds voor Architectuur, Rotterdam. Het onderzoek dat voorafging aan deze publicatie werd verricht in opdracht van het Stimuleringsfonds voor Architectuur met een financiële bijdrage van het Ministerie van VROM, Bureau Rijksbouwmeester.

De auteur bedankt de volgende personen voor hun commentaar en advies: Ruud Brouwers, H. de Haan, Peter Luscuere, Paul de Ruiter en Willem de Visser.

Ontwerp: Vandejong, Amsterdam (Antoin Buissink, René Put)
Druk: Snoeck-Ducaju & Zoon, Gent
Eindredactie: Solange de Boer, Paula Vaandrager
Productie en beeldredactie: Anne Hoogewoning
Uitgever: Simon Franke

Duurzame architectuur / Sustainable architecture
Voorwoord / Preface
Inleiding / Introduction
Verantwoording / credits

Project / Project

B / 192

Duurzame architectuur / Sustainable architecture
Voorwoord / Preface
Inleiding / Introduction
Verantwoording / credits

Project / Project

B / 192